# 国学里的中国

## 读懂中国的智慧

## 弟子规

石延博 编著

人民文学出版社
天天出版社

# 前言

中国自古就重视对儿童的教育，通过这种教育，儿童可以增长智慧，加强修养，从而健康成长。要完成这一目的，需要有许多启蒙教材。中国古代的启蒙教材形式多种多样，但它们都有一个共同的特点，那就是字句简单明了，内容通俗易懂，阅读起来朗朗上口，且容易背诵。如著名的《三字经》《百家姓》《千字文》《弟子规》等，都是具有代表性的启蒙教材。

《弟子规》是影响较大的三字句儿童训蒙教材，由清朝康熙年间山西绛州秀才李毓秀编撰而成，原名《训蒙文》，后经人修订，改名为《弟子规》。《弟子规》是一部以学规形式对年幼学子进行学习指导和品行修养教育的启蒙读物，全书共360句，1080字，以《论语》的“弟子入则孝，出则悌，谨而信，泛爱众而亲仁，行有余力则以学文”为提纲，具体阐述了儿童居家、在外、待人、接物以及在学习

上应当遵循的道德规范，是古代家长教育子女的理想范本，因此一问世便风行开来。虽然书中个别内容夹杂着与现代社会不相符的封建意识，但书中更多强调了孝顺、和睦、勤劳、好学、谦虚、自律等中华民族传统美德，这对今天建立和谐家庭关系、优化社会风气仍有不可低估的作用。

为尽量体现《弟子规》的思想，继承和发扬中华传统美德，我们对《弟子规》进行了全新的诠释：以四句话为一单元，原文采用大字注音，方便儿童诵读；同时对每个单元进行准确的讲解，并配有一则能充分反映其主题思想的故事或相关的文化常识，以帮助儿童深入理解原著的精髓。尤其值得一提的是，每则故事或文化常识还配有原汁原味的古代字画，或反映当时生活情境的文物图片，以尽量还原故事或文化常识所要表达的思想内涵。经过重新诠释，古老经典达到知识性与趣味性的完美结合，从而给阅读带来一种全新的感受。相信小朋友通过去粗取精的阅读，一定能增长不少有益的知识，获得更多的人生启迪。

# 目录

清康熙五彩
荷塘清趣盘


2 孔子讲学
4 巧用“三余”
6 孟宗泣竹
8 孟母断机
10 黄香扇枕
12 聂政养母
14 刘备教子
16 陶母封鲊
18 郯子奉亲
20 董卓的恶行
22 王祥卧鲤
24 苦心劝父
26 闵子骞谏父
28 汉文帝侍母
31 守丧制度
33 孝感动天
34 孔融让梨
36 重义轻财
38 信陵君敬老
41 代人养母
42 贤明的妻子
44 圯桥进履
46 汉惠帝敬老
48 王生结袜
51 敬老传统
53 代人行孝
54 海神妈祖
56 温公警枕
58 卫生习惯
60 结缨而死
62 古代冠服
64 王安石的衣着

红山文化青玉兽形玦

宋彩塑侍女立像

67 服食养生
68 关于饮酒
70 张九龄的风度
72 祢衡的遭遇
74 苏嘉折辕
76 不欺暗夜
78 坚持改错
80 管宁割席
82 程门立雪
84 介绍自己

唐三彩蓝釉盖罐

86 查道的信义
88 宋濂借书
90 立木为信
92 妙语救人
94 说话的艺术
96 直不疑辟谣
99 信守诺言
100 裴秀学礼

清乾隆胭脂红料
苍龙教子图撇口瓶

102 三年不窥园
104 兄弟学贤
106 曾子自省
108 三人行必有我师
110 阮咸晒衣
112 魏徵直谏
114 拒绝奉承
116 割发代罚
118 改过自新
120 埋两头蛇
122 晏婴使楚
124 铁如意
126 田文不怒

唐四神十二生肖纹铜镜

清青釉暗刻花卉绣墩


128　不忘老朋友
130　不合时宜的劝说
132　宽厚待人
134　倒屣迎客
136　因骂致祸
138　诤 友
140　知恩图报
142　曹操的宽容
144　吕蒙正忘怨
146　战不旋踵
148　将相和

清金榜题名珐琅彩花钱


150　感化偷牛人
152　不下拜
154　孟母三迁
156　交友之戒
158　纸上谈兵
160　吴下阿蒙
162　王瞻读书
164　赵普夜读

清珊瑚红地留白花卉碗


166　王冕学画
168　王浚问疑
170　陈蕃扫屋
172　王献之学书
174　关于藏书
176　韦编三绝
178　关于读书
180　胸怀大志

清冷枚绘《养正图册》之《师事名贤》，讲述东汉魏照学师郭泰的故事

## 原文

dì zǐ guī，shèng rén xùn。
弟子规，圣人训。
shǒu xiào tì，cì jǐn xìn。
首孝悌，次谨信。

## 释义

《弟子规》是学童生活规范方面的书籍，是依据圣人孔子的教诲编成的。当学生的首先要孝顺父母，尊敬兄长，其次要做事谨慎，说话诚实，讲求信用。

## 故事

### 孔子讲学

kǒng zǐ shì zhōng guó gǔ dài zhù míng
孔子是中国古代著名
de jiào yù jiā sī xiǎng jiā xiāng chuán
的教育家、思想家。相传，
tā zuì zǎo chuàng lì sī shú zhāo shōu
他最早创立私塾，招收
xué shēng jù shuō kǒng zǐ yǒu sān qiān xué
学生。据说，孔子有三千学

清殿藏本孔子画像

shēng　qí zhōng zhù míng de yǒu qī shí èr rén
生，其中著名的有七十二人。

kǒng zǐ jiāo xué shēng　yǐ rú jiā diǎn jí　shī　shū　lǐ　yì
孔子教学生，以儒家典籍《诗》《书》《礼》《易》
chūn qiū　děng wéi jiào cái　yǐ wén　xíng　zhōng　xìn sì xiàng kè mù　jí
《春秋》等为教材，以文、行、忠、信四项课目（即
lì dài de wén xiàn　shè huì de jīng yàn　duì dài bié rén yào zhōng　yǔ rén jiāo wǎng
历代的文献、社会的经验、对待别人要忠、与人交往
yào xìn　zuò wéi zhǔ yào jiào xué nèi róng　péi yǎng le xǔ duō rén cái　zuò wéi zhōng
要信）作为主要教学内容，培养了许多人才。作为中
guó lì shǐ shang zuì zǎo chuàng bàn sī xué de jiào yù jiā　kǒng zǐ liú xià le xǔ
国历史上最早创办私学的教育家，孔子留下了许
duō bǎo guì de jiào xué jīng yàn　duì jīn tiān de jiào yù zhě réng jù yǒu jī jí de jiè
多宝贵的教学经验，对今天的教育者仍具有积极的借
jiàn yì yì
鉴意义。

仇英绘《孔子执教图》，描绘孔子修诗书，定礼乐，许多弟子前来受业的场景

## 原文

fàn ài zhòng，ér qīn rén。
泛爱众，而亲仁。
yǒu yú lì，zé xué wén。
有余力，则学文。

## 释义

对大家要有爱心，并且亲近那些道德品质高尚的人。如果平时有精力、有时间，就应该多看书学习。

## 故事

### 巧用“三余”

sān guó shí，wèi guó yǒu yí gè jiào dǒng
三国时，魏国有一个叫董
yù de rén，cóng xiǎo jiā li jiù hěn qióng，zhěng
遇的人，从小家里就很穷，整
rì wèi shēng huó ér bēn bō。dàn shì tā zhǐ yào
日为生活而奔波。但是他只要
yì yǒu kòng xián shí jiān，jiù zuò xià lái dú shū xué
一有空闲时间，就坐下来读书学
xí，suǒ yǐ zhī shi hěn yuān bó，rén men hěn pèi
习，所以知识很渊博，人们很佩

清康熙五彩三国演义之凤仪亭人物故事图盘

清代年画《曹操大宴铜雀台》，董遇曾在曹魏政权中任职

fú tā
服他。

dǒng yù de míng shēng yuè lái yuè dà fù jìn de rén fēn fēn qián lái qiú jiào
董遇的名声越来越大，附近的人纷纷前来求教，
bìng wèn tā shì rú hé xué xí de dǒng yù gào su tā men shuō shū dú bǎi biàn
并问他是如何学习的。董遇告诉他们说：“书读百遍，
qí yì zì xiàn kě qǐng jiào de rén dōu yǒu yí gè yí wèn dǒng yù shì zěn me dú
其义自见。”可请教的人都有一个疑问：董遇是怎么读
shū de tā nǎ lái de shí jiān dú shū ne dǒng yù gào su dà jiā xué xí yào
书的？他哪来的时间读书呢？董遇告诉大家：“学习要
lì yòng sān yú sān yú jiù shì sān zhǒng kòng yú shí jiān dōng tiān wéi
利用‘三余’，‘三余’就是三种空余时间。冬天为
yì nián zhī yú wǎn shang wéi yì tiān zhī yú yǔ tiān wéi píng rì zhī yú rén
一年之余，晚上为一天之余，雨天为平日之余。”人
men tīng le huǎng rán dà wù yuán lái dǒng yù shì lì yòng kòng xián shí jiān xué xí
们听了恍然大悟，原来董遇是利用空闲时间学习，
cái shǐ zì jǐ de zhī shi yuè lái yuè yuān bó de
才使自己的知识越来越渊博的。

## 原文

fù mǔ hū， yìng wù huǎn；
父母呼，应勿缓；
fù mǔ mìng， xíng wù lǎn。
父母命，行勿懒。

## 释义

父母叫你，就应该赶快答应，不能拖延迟缓；父母有什么事让你做，就应该赶紧行动，不要拖拖拉拉，懒懒散散。

## 故事

### 孟宗泣竹

佚名绘《二十四孝图》之《孟宗哭竹生笋》

sān guó shí， wú guó jiāng xià yǒu yí gè jiào mèng zōng de xiào zǐ， duì mǔ qīn zhào gù de shí fēn zhōu dào。 yì nián dōng tiān， mèng mǔ shēng bìng， lián xù jǐ tiān méi yǒu wèi kǒu， shēn tǐ rì jiàn xiāo shòu。 mèng zōng jí huài le， wèn mǔ qīn xiǎng chī shén me。 mèng mǔ shuō xiǎng chī zhú sǔn。 mèng zōng tīng hòu， mǎ shàng pǎo dào shān shang de zhú lín zhōng， sì chù wā jué， xī

三国时，吴国江夏有一个叫孟宗的孝子，对母亲照顾得十分周到。一年冬天，孟母生病，连续几天没有胃口，身体日渐消瘦。孟宗急坏了，问母亲想吃什么。孟母说想吃竹笋。孟宗听后，马上跑到山上的竹林中，四处挖掘，希

wàng néng zhǎo dào zhú sǔn kě shì dāng shí zhèng zhí dōng tiān nǎ lǐ yǒu zhú
望能找到竹笋。可是当时正值冬天，哪里有竹
sǔn ne
笋呢？

mèng zōng wú jì kě shī jí de dà kū qǐ lái zhè yì kū qí jì jìng
孟宗无计可施，急得大哭起来。这一哭，奇迹竟
chū xiàn le dì shang hū rán mào chū le zhú sǔn yuán lái mèng zōng de xiào xīn
出现了，地上忽然冒出了竹笋。原来，孟宗的孝心
gǎn dòng le shàng tiān tiān dì hěn tóng qíng tā mǎn zú le tā de yāo qiú mèng
感动了上天，天帝很同情他，满足了他的要求。孟
zōng gāo xìng de bǎ zhú sǔn ná huí jiā gěi mǔ qīn chī mǔ qīn de bìng jìng shén qí bān
宗高兴地把竹笋拿回家给母亲吃，母亲的病竟神奇般
hǎo zhuǎn zhè ge gù shi suī rán jù yǒu shén huà sè cǎi què biǎo dá le gǔ rén qī
好转。这个故事虽然具有神话色彩，却表达了古人期
jì xiào xīn kě yǐ gǎn dòng tiān dì de yuàn wàng
冀孝心可以感动天地的愿望。

清王素绘《二十四孝图》之《孟宗哭竹得笋》

## 原文

fù mǔ jiào xū jìng tīng
父母教，须敬听；
fù mǔ zé xū shùn chéng
父母责，须顺承。

## 释义

父母的教诲，一定要恭敬地听从；如果父母责备你，一定要顺从地接受。

## 故事

### 孟母断机

mèng zǐ shì zhàn guó shí zhù míng de sī xiǎng jiā tā xiǎo de shí hou yǒu
孟子是战国时著名的思想家，他小的时候，有

清刻本《新刊古列女传》插图《孟母断机》，描绘孟母正要剪断织布机上布匹的场景

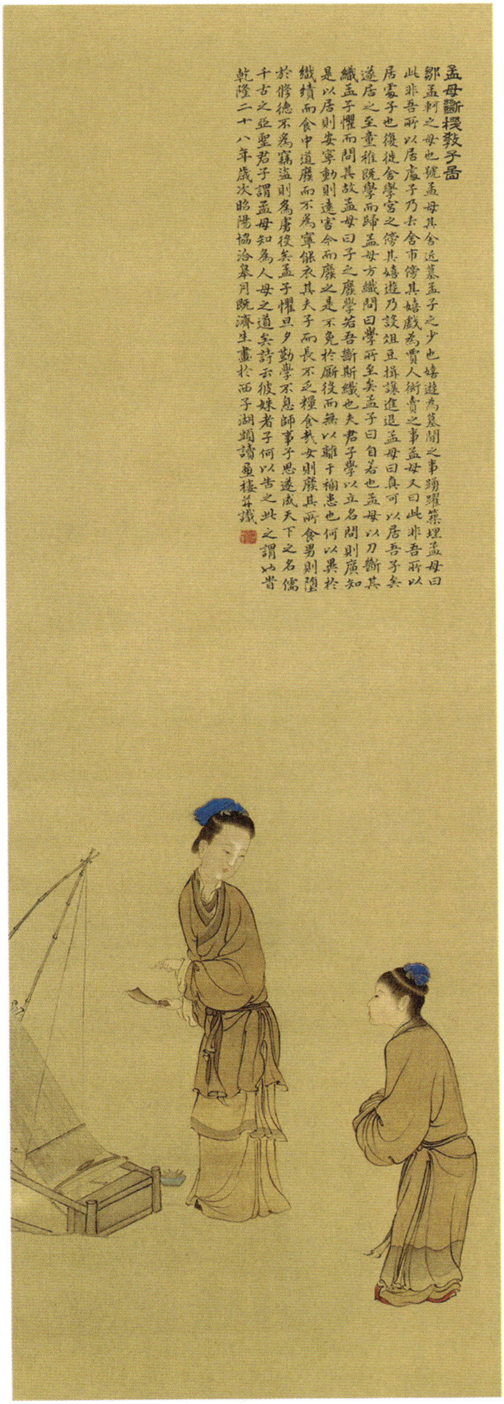

清康涛绘《孟母断机教子图》

yì tiān dú shū yàn juàn le jiù tōu tōu
一天读书厌倦了，就偷偷
pǎo chū qù wán hěn wǎn cái huí dào jiā
跑出去玩，很晚才回到家
li dāng shí mèng mǔ zhèng zài zhī
里。当时，孟母正在织
bù jiàn tā huí lái shēng qì de
布，见他回来，生气地
jiǎn duàn zhī jī shang yǐ jīng zhī hǎo de
剪断织机上已经织好的
bù mèng zǐ hěn qí guài wèn mǔ
布。孟子很奇怪，问母
qīn wèi shén me fā huǒ mèng mǔ shuō
亲为什么发火。孟母说：
zhī bù yào yì gēn gēn zhī yí cùn
“织布要一根根织，一寸
cùn zhī cái néng zhī chéng dàn rú
寸织，才能织成。但如
guǒ bàn tú jiāng tā jiǎn duàn hái néng
果半途将它剪断，还能
zhī chéng yì pǐ bù ma nǐ de xué
织成一匹布吗？你的学
yè yě yí yàng a nǐ hái méi yǒu xué
业也一样啊，你还没有学
chéng jiù yàn juàn le shén me shí hou
成就厌倦了，什么时候
cái néng chéng wéi yǒu yòng zhī cái ne
才能成为有用之材呢！”
mèng zǐ tīng le mǔ qīn de jiào huì
孟子听了母亲的教诲，
huǎng rán dà wù cóng cǐ fā fèn xué
恍然大悟，从此发奋学
xí zuì zhōng chéng wéi zhù míng de sī
习，最终成为著名的思
xiǎng jiā
想家。

原文

dōng zé wēn，xià zé qìng，
冬则温，夏则清，
chén zé xǐng，hūn zé dìng。
晨则省，昏则定。

释义

子女孝敬父母，冬天要让他们感到温暖，夏天要让他们清爽凉快；早上要恭恭敬敬地请安，晚上要服侍父母安睡。

故事

## 黄香扇枕

东汉时，有一个叫黄香的小孩儿，九岁时母亲就去世了，与体弱的父亲相依为命。他知道父亲养育自己很艰辛，就把一片孝心都献给了父亲。夏天天热，每晚他都先为父亲扇凉

清人绘《历代名臣像解》中的黄香画像

清王素绘《二十四孝图》之《黄香扇枕温衾》

zhěn xí yǐ biàn ràng fù qīn ān shuì dōng tiān tiān lěng měi wǎn tā dōu xiān shàng
枕席，以便让父亲安睡。冬天天冷，每晚他都先上
chuáng yòng tǐ wēn bǎ bèi rù wù rè yǐ miǎn fù qīn shòu liáng dāng shí tiān
床，用体温把被褥焐热，以免父亲受凉。当时，天
xià rén dōu zhī dào huáng xiāng de xiào xíng chēng zàn tā tiān xià wú shuāng jiāng xià
下人都知道黄香的孝行，称赞他“天下无双，江夏
huáng tóng
黄童”。

zhèng yīn wèi huáng xiāng yǒu cǐ xiào xīn cái shǐ tā zài zuò rén qiú xué
正因为黄香有此孝心，才使他在做人、求学
shang dōu yǒu suǒ chéng jiù bù rù shì tú hòu chéng wéi yǐ xiào wén míng yǐ xiào
上都有所成就，步入仕途后，成为以孝闻名、以孝
shī zhèng de bǎng yàng yóu cǐ kàn lái yí gè rén yào chéng gōng shǒu xiān yào yǒu
施政的榜样。由此看来，一个人要成功，首先要有
xiào xīn zhè yě shì zuò zǐ nǚ qǐ mǎ yīng jìn de yì wù
孝心，这也是做子女起码应尽的义务。

## 原文

chū bì gào　fǎn bì miàn
出必告，反必面，
jū yǒu cháng　yè wú biàn
居有常，业无变。

## 释义

出门办事要告诉父母一声，回来后也要通报一声，免得父母不放心；日常生活起居作息要有规律，对所从事的职业不要随意改变，以免父母担忧。

## 故事

### 聂政养母

清丁善长绘《历代画像传》中的聂政画像

niè zhèng shì zhàn guó shí de yí wèi dà
聂政是战国时的一位大
xiá shì　tā rè xīn zhù rén　hào dǎ bào bù
侠士，他热心助人，好打抱不
píng　fù qīn qù shì hòu　tā hé mǔ qīn yì
平。父亲去世后，他和母亲一
qǐ shēng huó　bǎ mǔ qīn de shēng huó zhào gù
起生活，把母亲的生活照顾
de hěn zhōu dào
得很周到。

niè zhèng yīn wèi shì yǒu míng de xiá shì
聂政因为是有名的侠士，

山东嘉祥武梁祠东壁画像《聂政刺韩相》

suǒ yǐ cháng yǒu rén qǐng tā chū mén xíng xiá zhàng yì měi cì niè zhèng chū mén mǔ
所以常有人请他出门行侠仗义。每次聂政出门，母
qīn dōu hěn dān xīn cháng cháng qǐn shí bù ān wèi le ràng mǔ qīn fàng xīn niè
亲都很担心，常常寝食不安。为了让母亲放心，聂
zhèng měi cì chū mén qián dōu yào xiān gào su mǔ qīn yì shēng huí jiā hòu yě lì kè
政每次出门前都要先告诉母亲一声，回家后也立刻
qù jiàn mǔ qīn
去见母亲。

yīn wèi yǒu mǔ qīn zài yù yǒu wēi xiǎn de shì niè zhèng zǒng shì kè yì huí
因为有母亲在，遇有危险的事，聂政总是刻意回
bì yí cì yán suì qǐng tā tì zì jǐ qù cì shā chóu rén hán xiàng xiá lèi niè
避。一次，严遂请他替自己去刺杀仇人韩相侠累，聂
zhèng gào su tā shuō xiàn zài yǒu mǔ qīn zài wǒ pà tā tì wǒ dān xīn yīn cǐ
政告诉他说：“现在有母亲在，我怕她替我担心，因此
bù néng chū qù děng mǔ qīn bú zài le wǒ zài tì nǐ qù bào chóu jǐ nián
不能出去，等母亲不在了，我再替你去报仇。”几年
hòu niè zhèng de mǔ qīn qù shì ān zàng le lǎo mǔ niè zhèng xiǎng dào dāng chū
后，聂政的母亲去世，安葬了老母，聂政想到当初
dā ying yán suì de shì biàn zhī shēn qián wǎng xiàng fǔ jiāng xiá lèi cì shā tì
答应严遂的事，便只身前往相府，将侠累刺杀，替
yán suì bào le chóu tā zì jǐ yě zì wěn ér sǐ
严遂报了仇，他自己也自刎而死。

## 原文

shì suī xiǎo， wù shàn wéi；
事虽小，勿擅为；
gǒu shàn wéi， zǐ dào kuī。
苟擅为，子道亏。

## 释义

事情即使很小，也不能擅自做主，由着性子胡来；如果胡来的话，就有损为人子女的本分。

## 故事

### 刘备教子

sān guó shí， liú bèi yīn jìn gōng
三国时，刘备因进攻
dōng wú shī bài ér yí bìng bù qǐ， lín
东吴失败而一病不起，临
sǐ shí， duì ér zi liú shàn bú fàng
死时，对儿子刘禅不放
xīn， chú le bǎ tā tuō fù gěi chéng
心，除了把他托付给丞
xiàng zhū gě liàng， hái xiě le yì fēng xìn
相诸葛亮，还写了一封信

明人绘汉昭烈帝刘备画像

lái jiào yù tā xìn zhōng shuō wù yǐ è xiǎo ér wéi zhī wù yǐ shàn xiǎo ér
来教育他。信中说：“勿以恶小而为之，勿以善小而
bù wéi wéi xián wéi dé néng fú yú rén yì si shì shuō bú yào yīn wèi
不为。惟贤惟德，能服于人。”意思是说，不要因为
shì yí jiàn hěn xiǎo de huài shì biàn rèn wéi jí shǐ zuò le yě méi shén me dà bu
是一件很小的坏事，便认为即使做了也没什么大不
liǎo yě bú yào yīn wèi shì yí jiàn hěn xiǎo de hǎo shì jiù bú yuàn yì qù zuò
了；也不要因为是一件很小的好事，就不愿意去做。
zhǐ yǒu pǐn dé gāo shàng de rén cái néng dé dào tā rén de zūn jìng
只有品德高尚的人，才能得到他人的尊敬。

liú bèi sǐ hòu zhū gě liàng shí kè tí xǐng liú shàn yào xué xí zuò rén
刘备死后，诸葛亮时刻提醒刘禅，要学习做人
de dào lǐ liú shàn zài zhū gě liàng de fǔ zuǒ xià shǔ guó hái méi yǒu dà de
的道理。刘禅在诸葛亮的辅佐下，蜀国还没有大的
shī wù zhū gě liàng sǐ hòu
失误。诸葛亮死后，
liú shàn kāi shǐ chǒng xìn huàn guān
刘禅开始宠信宦官，
zhú jiàn fàng zòng zì jǐ tā rèn
逐渐放纵自己。他认
wéi píng shí wán wan méi shén me guān
为平时玩玩没什么关
xì yú shì hé huàn guān men
系，于是和宦官们
zhěng rì huā tiān jiǔ dì zuì hòu
整日花天酒地，最后
jìng bù lǐ cháo zhèng shèn zhì
竟不理朝政，甚至
qī piàn wèi guó jiā cāo láo de dà
欺骗为国家操劳的大
chén zuì zhōng shǔ guó bèi cáo
臣。最终，蜀国被曹
wèi miè diào liú shàn yě chéng le
魏灭掉，刘禅也成了
fú lǔ
俘虏。

明焦竑撰《养正图解》插图《教子读书》，讲述刘备教育儿子刘禅要多读经书的故事

## 原文

wù suī xiǎo，wù sī cáng；
物虽小，勿私藏；
gǒu sī cáng，qīn xīn shāng。
苟私藏，亲心伤。

## 释义

东西即使很小，也不能偷偷私藏起来，占为己有；否则，就会使父母伤心。

## 故事

### 陶母封鲊

dōng jìn shí yǒu gè jiào táo kǎn de rén，bù jǐn cóng xiǎo qín fèn xué xí，ér qiě hái shí fēn zhù yì rén pǐn de xiū yǎng，zhè yí qiè dōu shì yǔ tā mǔ qīn de yán gé jiào yù fēn bu kāi de。
东晋时有个叫陶侃的人，不仅从小勤奋学习，而且还十分注意人品的修养，这一切都是与他母亲的严格教育分不开的。

清人绘《历代名臣像解》中的陶侃画像

táo kǎn dāng le guǎn lǐ yú yè de xiǎo guān hòu yǒu yì nián tuō rén dài
陶侃当了管理渔业的小官后，有一年托人带
huí yì tán yān yú gǔ rén chēng yān yú wéi zhǎ xiào jìng mǔ qīn táo
回一坛腌鱼（古人称腌鱼为“鲊”）孝敬母亲。陶
mǔ dé zhī yān yú shì gōng jia de dōng xi shí fēn shēng qì jiù yòng fēng
母得知腌鱼是公家的东西，十分生气，就用封
tiáo bǎ tán zi fēng hǎo ràng rén bǎ yú tuì huí qù bìng xiě xìn gào su táo
条把坛子封好，让人把鱼退回去，并写信告诉陶
kǎn nǐ shì guó jiā
侃：“你是国家
guān lì zěn me néng
官吏，怎么能
yòng gōng wù xiào jìng mǔ
用公物孝敬母
qīn ne zhè shì wéi
亲呢？这是为
zhèng bù lián na táo
政不廉哪！”陶
kǎn kàn dào xìn hòu shí fēn
侃看到信后十分
zhèn jīng shēn gǎn kuì
震惊，深感愧
duì mǔ qīn cǐ hòu
对母亲。此后，
tā shí shí yǐ mǔ xùn jǐng
他时时以母训警
jiè zì jǐ fèng gōng
诫自己，奉公
shǒu fǎ qīng zhèng lián
守法，清正廉
jié zuì zhōng chéng wéi
洁，最终成为
lì shǐ shang zhù míng de
历史上著名的
xián chén
贤臣。

西汉刘向撰《列女传》中的陶母画像，描绘陶母派人将写好的书信送给陶侃的场景

## 原文

qīn suǒ hào, lì wèi jù;
亲所好，力为具；
qīn suǒ wù, jǐn wèi qù.
亲所恶，谨为去。

## 释义

父母所喜欢的东西，要尽力为他们准备好；父母所讨厌的东西，要小心为他们除掉。

## 故事

### 郯子奉亲

tán zǐ shì chūn qiū shí tán guó de guó jūn duì fù mǔ tè bié xiào shùn xiào xíng yuǎn jìn wén míng fù mǔ de nián jì dà le dōu huàn yǒu yán zhòng de yǎn jí tīng yī shēng shuō zhì zhè zhǒng bìng zuì hǎo de bàn fǎ shì shí yòng lù rǔ kě

郯子是春秋时郯国的国君，对父母特别孝顺，孝行远近闻名。父母的年纪大了，都患有严重的眼疾，听医生说，治这种病最好的办法是食用鹿乳。可

清刻本《二十四孝图》之《鹿乳奉亲》

清王素绘《二十四孝图》之《周剡子鹿乳奉亲》

shì lù rǔ zài shì chǎng shang mǎi bu dào yú shì tán zǐ jiù qīn zì dào shān shang
是，鹿乳在市场上买不到，于是郯子就亲自到山上
qù xiǎng jìn bàn fǎ lái huò qǔ lù rǔ
去，想尽办法来获取鹿乳。

shān shang lù suī rán bù shǎo què nán yǐ jiē jìn wèi le dé dào lù rǔ
山上鹿虽然不少，却难以接近。为了得到鹿乳，
tán zǐ míng sī kǔ xiǎng zhōng yú xiǎng chū yí gè hǎo bàn fǎ tā zhǎo lái yì zhāng
郯子冥思苦想，终于想出一个好办法。他找来一张
lù pí pī zài shēn shang rán hòu zài tóu shang ān le jiǎ jiǎo hùn zài lù qún zhōng
鹿皮披在身上，然后在头上安了假角，混在鹿群中。
tán zǐ de nài xīn huò dé le huí bào zhōng yú yǒu yì tiān tā dé dào lù rǔ
郯子的耐心获得了回报，终于有一天，他得到鹿乳，
dài huí jiā ràng fù mǔ hē le yí gè liè rén shàng shān dǎ liè zhī dào zhè jiàn shì
带回家让父母喝了。一个猎人上山打猎，知道这件事
hòu shí fēn gǎn dòng biàn gào su le dà jiā cóng cǐ tán zǐ chéng wéi rén men xiào
后十分感动，便告诉了大家。从此，郯子成为人们孝
jìng zhǎng bèi de bǎng yàng tā lù rǔ fèng qīn de jiā huà bèi shì dài chuán sòng
敬长辈的榜样，他鹿乳奉亲的佳话被世代传颂。

## 原文

shēn yǒu shāng，yí qīn yōu；

身有伤，贻亲忧；

dé yǒu shāng，yí qīn xiū。

德有伤，贻亲羞。

## 释义

如果身体有了伤痛，就会让父母担心；如果道德品行有所损害，就会让父母蒙受羞辱。

## 故事

### 董卓的恶行

清绣像本《三国演义》中的董卓画像

dǒng zhuó shì dōng hàn mò nián de jūn fá

董卓是东汉末年的军阀，

tā chèn cháo zhèng hùn luàn zhī jì shuài lǐng jūn

他趁朝政混乱之际，率领军

duì jìn zhù guó dū luò yáng fèi diào le huáng

队进驻国都洛阳，废掉了皇

dì liú biàn lìng lì liú xié jí hàn xiàn dì

帝刘辩，另立刘协（即汉献帝）

wéi kuǐ lěi huáng dì cóng cǐ dú lǎn cháo zhèng

为傀儡皇帝，从此独揽朝政

dà quán

大权。

清代天津杨柳青年画《王司徒巧使连环计》，讲述王允使用美人计，利用吕布除掉董卓的故事

dǒng zhuó zhuān quán qī jiān duì cháo tíng zhōng de dà chén sì yì shā lù
董卓专权期间，对朝廷中的大臣肆意杀戮，
duì tiān xià de bǎi xìng rèn yì qī líng jié guǒ tā de bào xíng yǐn qǐ rén men de
对天下的百姓任意欺凌。结果，他的暴行引起人们的
fèn nù yǐ yuán shào wéi shǒu de shí jǐ wàn dà jūn tǎo fá dǒng zhuó dǒng zhuó zì
愤怒，以袁绍为首的十几万大军讨伐董卓。董卓自
zhī guǎ bù dí zhòng xié chí hàn xiàn dì táo dào cháng ān jì xù qí cán bào de tǒng
知寡不敌众，挟持汉献帝逃到长安，继续其残暴的统
zhì sī tú wáng yǔn duì dǒng zhuó hèn zhī rù gǔ lì yòng měi rén jì yì jǔ jiāng
治。司徒王允对董卓恨之入骨，利用美人计一举将
tā chú diào dǒng zhuó sǐ hòu tā de jiā shǔ yě shòu dào zhū lián dāng shí tā de
他除掉。董卓死后，他的家属也受到株连，当时他的
mǔ qīn yǐ jīng jiǔ shí duō suì le yě bèi yī fǎ chǔ sǐ dǒng zhuó de è xíng bù
母亲已经九十多岁了，也被依法处死。董卓的恶行不
jǐn shǐ qí jiā shǔ shòu dào qiān lián shèn zhì lián nián mài de lǎo mǔ yě nán táo yì
仅使其家属受到牵连，甚至连年迈的老母也难逃一
sǐ shí zài shì kě bēi ya
死，实在是可悲呀！

原文

qīn ài wǒ, xiào hé nán?
亲爱我，孝何难？
qīn wù wǒ, xiào fāng xián
亲恶我，孝方贤。

释义

父母喜欢我，做到孝顺又有什么困难呢？父母不喜欢我，我还要孝顺他们，这才是难能可贵的。

故事

## 王祥卧鲤

wáng xiáng shì xī jìn shí de zhù míng xiào zǐ, hěn xiǎo de shí hou mǔ qīn jiù qù shì le, hòu lái fù qīn yòu qǔ le jì mǔ. jì mǔ bù xǐ huan wáng xiáng, jīng cháng zài fù qīn miàn qián shuō tā de huài huà. jiǔ ér jiǔ zhī, fù qīn yě bù xǐ huan tā le. jǐn guǎn fù mǔ dōu xián qì

王祥是西晋时的著名孝子，很小的时候母亲就去世了，后来父亲又娶了继母。继母不喜欢王祥，经常在父亲面前说他的坏话。久而久之，父亲也不喜欢他了。尽管父母都嫌弃

清人绘《历代名臣像解》中的王祥画像

清王素绘《二十四孝图》之《王祥剖冰求鲤》

他，但是王祥仍然很孝敬他们，经常去嘘寒问暖。

有一年冬天，继母病了，想吃鲜活的鲤鱼。于是王祥就来到河边，想为继母捉条活鱼。可是河上已经结冰，为了能捉到活鱼，王祥便脱掉衣服，使劲儿敲打冰面。忽然，冰面裂开，从里面跃出两条鲤鱼，王祥高兴地拿回家侍奉继母。王祥的孝行感动了继母，此后继母对他也格外关心起来。

原文

qīn yǒu guò jiàn shǐ gēng
亲有过，谏使更，
yí wú sè róu wú shēng
怡吾色，柔吾声。

释义

父母有了过错，做子女的要耐心劝说，让他们改正；他们也许不耐烦，但你还是要和颜悦色、轻声细语地劝下去。

故事

## 苦心劝父

chūn qiū shí yǒu gè jiào sūn yuán jué de shào nián xiǎo shí hou jiù shí fēn dǒng shì kě tā de fù qīn duì zǔ fù què jí bú xiào jìng
春秋时，有个叫孙元觉的少年，小时候就十分懂事，可他的父亲对祖父却极不孝敬。

yǒu yì tiān fù qīn yào bǎ bìng ruò de zǔ fù rēng dào shēn shān li qù sūn yuán jué kū zhe guì dǎo zài fù qīn miàn qián kěn qiú tā bú yào zhè
有一天，父亲要把病弱的祖父扔到深山里去。孙元觉哭着跪倒在父亲面前，恳求他不要这

春秋铜盖鼎

宋马和之绘《孝经图》之一

yàng zuò kě shì fù qīn què hǒng piàn tā shuō yé ye nián lǎo le nián lǎo bù
样做。可是父亲却哄骗他说："爷爷年老了，年老不
sǐ huì biàn chéng yāo guài de lái dào le shān li fù qīn bǎ zǔ fù fàng xià jiù
死会变成妖怪的。"来到了山里，父亲把祖父放下就
yào lí kāi zhè shí sūn yuán jué duì fù qīn shuō rēng le yé ye bǎ kuāng
要离开。这时，孙元觉对父亲说："扔了爷爷，把筐
zi ná huí qù ba fù qīn bù míng bai tā de yì si sūn yuán jué shuō děng
子拿回去吧！"父亲不明白他的意思，孙元觉说："等
dào nín lǎo le wǒ hǎo yòng tā lái zhuāng nín bǎ nín rēng dào shān li lái ya
到您老了，我好用它来装您，把您扔到山里来呀！"
fù qīn yì tīng dà chī yì jīng jué de zì jǐ zuò de què shí guò fèn gěi ér
父亲一听，大吃一惊，觉得自己做得确实过分，给儿
zi liú xià le bù hǎo de yìn xiàng yú shì tā zuì zhōng gǎi biàn zhǔ yi bǎ zǔ fù
子留下了不好的印象。于是他最终改变主意，把祖父
jiē huí le jiā
接回了家。

原文

jiàn bú rù　yuè fù jiàn
谏不入，悦复谏，
háo qì suí　tà wú yuàn
号泣随，挞无怨。

释义

假如你的劝说父母听不进去，那就等他们高兴的时候再劝；哪怕最后哭着苦苦哀求，甚至挨打，也不要抱怨。

故事

## 闵子骞谏父

mǐn zǐ qiān shì kǒng zǐ de xué shēng　xiǎo shí hou jīng cháng shòu jì mǔ nüè dài
闵子骞是孔子的学生，小时候经常受继母虐待。
dōng tiān dào le　jì mǔ de liǎng gè ér zi chuān de dōu shì yòng mián huā zuò de mián yī　ér mǐn zǐ qiān chuān de què shì yòng lú huā zuò de mián yī
冬天到了，继母的两个儿子穿的都是用棉花做的棉衣，而闵子骞穿的却是用芦花做的棉衣。

天津杨柳青年画《鞭打芦花》，讲述闵子骞劝父留母的故事

yǒu yì tiān mǐn zǐ qiān wèi fù qīn jià chē yīn wèi tiān qì hán lěng shǒu
有一天，闵子骞为父亲驾车，因为天气寒冷，手
jiǎo dòng jiāng jiāng gǎn chē de jiāng shéng diào luò fù qīn hěn shēng qì yǐ wéi
脚冻僵，将赶车的缰绳掉落。父亲很生气，以为
mǐn zǐ qiān tōu lǎn jiù yòng biān zi dǎ tā biān zi bǎ mián yī chōu pò lù chū
闵子骞偷懒，就用鞭子打他。鞭子把棉衣抽破，露出
le lú huā fù qīn yí xià zi míng bai le zhēn xiàng tā shí fēn shēng qì chì
了芦花，父亲一下子明白了真相。他十分生气，斥
zé jì mǔ piān xīn bìng yào bǎ tā gǎn zǒu mǐn zǐ qiān guì zài dì shang āi qiú fù
责继母偏心，并要把她赶走。闵子骞跪在地上哀求父
qīn shuō mǔ qīn zài zhǐ yǒu wǒ yí gè rén shòu dòng rú guǒ mǔ qīn lí kāi
亲说："母亲在，只有我一个人受冻；如果母亲离开，
nà me wǒ men xiōng dì sān rén jiù huì gū dān wú kào le fù qīn tīng tā shuō de
那么我们兄弟三人就会孤单无靠了。"父亲听他说得
yǒu lǐ jiù dǎ xiāo le gǎn zǒu jì mǔ de niàn tou
有理，就打消了赶走继母的念头。

清王素绘《二十四孝图》之《闵子骞单衣顺母》

原文

qīn yǒu jí, yào xiān cháng,
亲有疾，药先尝，
zhòu yè shì, bù lí chuáng
昼夜侍，不离床。

释义

父母病了，吃的药自己要先尝尝，看看是不是太苦、太烫；父母病倒在床上，要日夜护理，不离开他们身旁。

故事

## 汉文帝侍母

xī hàn shí, hàn wén dì yǐ rén xiào míng wén tiān xià, zài wèi qī jiān céng duō cì bān bù fǎ lìng, zhèn jì lǎo wú suǒ yī de lǎo rén, bìng tí chàng jiǎng shòu 《xiào jīng》, xuān yáng xiào dào. tā guì wéi huáng dì, què yǐ shēn zuò zé, shí

西汉时，汉文帝以仁孝名闻天下，在位期间曾多次颁布法令，赈济老无所依的老人，并提倡讲授《孝经》，宣扬孝道。他贵为皇帝，却以身作则，十

清刻本《二十四孝图》之《亲尝汤药》

fēn xiào shùn zì jǐ de mǔ qīn suī rán měi tiān dōu yào chǔ lǐ hěn duō gōng wù què
分孝顺自己的母亲，虽然每天都要处理很多公务，却
cóng bú wàng jì dào mǔ qīn de fáng jiān qù wèn hòu hòu lái mǔ qīn bìng le hàn
从不忘记到母亲的房间去问候。后来母亲病了，汉
wén dì rì yè jīng xīn fú shi shèn zhì mù bù jiāo jié yī bù jiě dài hěn
文帝日夜精心服侍，甚至目不交睫，衣不解带，很
shǎo shuì guo ān wěn jiào měi tiān mǔ qīn chī yào shí tā dōu yào xiān qīn kǒu cháng
少睡过安稳觉。每天母亲吃药时，他都要先亲口尝
chang kàn kan shì fǒu tài rè tài kǔ rán hòu cái fàng xīn de gěi mǔ qīn chī
尝，看看是否太热、太苦，然后才放心地给母亲吃。

cháng yán dào jiǔ bìng chuáng qián wú xiào zǐ hàn wén dì shì fèng mǔ qīn
常言道：久病床前无孝子。汉文帝侍奉母亲，
cóng bú xiè dài cháng dá sān nián zhī jiǔ shí zài shì nán néng kě guì hàn wén dì
从不懈怠，长达三年之久，实在是难能可贵。汉文帝
shì fèng bìng mǔ de gù shi yīn cǐ chéng wéi qiān gǔ chuán sòng de jiā huà
侍奉病母的故事，因此成为千古传颂的佳话。

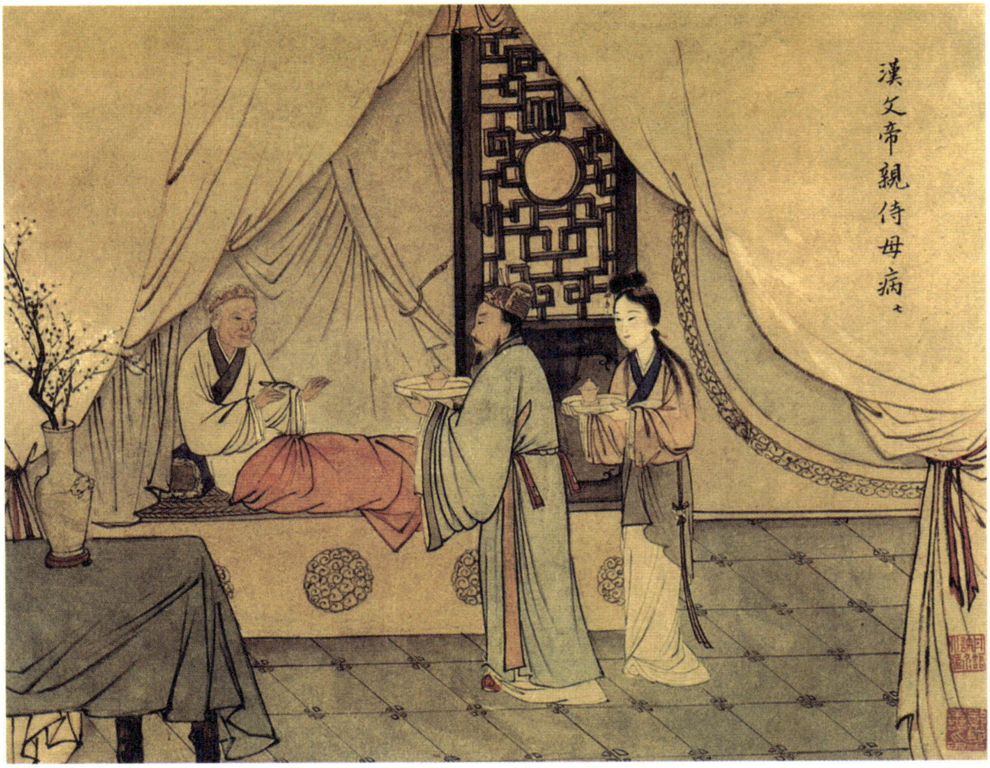

清王素绘《二十四孝图》之《汉文帝亲侍母病》

原文

sāng sān nián，cháng bēi yè，
丧三年，常悲咽，
jū chǔ biàn，jiǔ ròu jué。
居处变，酒肉绝。

释义

父母去世后，要守丧三年，寄托哀思，有孝心的，提起父母会难过哭泣；三年中，自己的生活起居必须调整，一切从简，而且不喝酒，不吃肉。

清人绘《清明戴柳》，描绘清明节为先辈扫墓祭奠的场景

解说

# 守丧制度

zài zhōng guó gǔ dài fù mǔ qù shì yào wèi fù mǔ shǒu sāng sān nián
在中国古代，父母去世，要为父母守丧三年。
zài fù mǔ de fén mù páng gài shàng jiǎn lòu de cǎo fáng chuān cū bù xiào yī
在父母的坟墓旁，盖上简陋的草房，穿粗布孝衣，
chī sù shí fū qī bù tóng jū píng shí bù cóng shì yú lè huó dòng yǐ cǐ lái
吃素食，夫妻不同居，平时不从事娱乐活动，以此来
biǎo dá duì yǎng yù zì jǐ de fù mǔ de āi dào hé jì niàn
表达对养育自己的父母的哀悼和纪念。

wèi fù mǔ shǒu sāng de zhì dù hòu lái yòu kuò zhǎn wéi gěi zǔ fù mǔ shū fù
为父母守丧的制度后来又扩展为给祖父母、叔父
mǔ yuè fù mǔ děng zhǎng bèi shǒu sāng de zhì dù zhè zài zhōng guó gǔ dài diǎn jí
母、岳父母等长辈守丧的制度。这在中国古代典籍
lǐ jì yí lǐ zhōng dōu yǒu zhuān mén de jì zǎi wǔ sì yùn dòng yǐ hòu
《礼记》《仪礼》中都有专门的记载。五四运动以后，
tè bié shì dào le xiàn dài shè huì zhè yí zhì dù cái zhú jiàn fèi zhǐ dàn zuò ér nǚ
特别是到了现代社会，这一制度才逐渐废止。但做儿女
de duì fù mǔ de huái niàn hé zhuī sī hái shi yīng gāi yǒu de
的对父母的怀念和追思还是应该有的。

明佚名绘《孔子圣迹图》之《治任别归》，描绘孔子弟子为孔子守丧的场景

## 原文

sāng jìn lǐ, jì jìn chéng,
丧尽礼，祭尽诚，
shì sǐ zhě, rú shì shēng
事死者，如事生。

## 释义

办理丧事要尽到礼节，祭拜时要真心诚意；对待已经去世的父母，要像他们在世的时候一样恭敬。

清王素绘《二十四孝图》之《董永卖身葬父》

故事

# 孝感动天

dōng hàn shí　yǒu gè jiào dǒng yǒng de rén　tā shì yí gè qióng rén jiā de
东汉时，有个叫董永的人，他是一个穷人家的
hái zi　mǔ qīn qù shì hòu　hé fù qīn xiāng yī wéi mìng　hòu lái fù qīn bú xìng
孩子，母亲去世后，和父亲相依为命。后来父亲不幸
qù shì　yóu yú jiā li qióng　dǒng yǒng lián mái zàng fù qīn de fèi yong yě còu bù
去世，由于家里穷，董永连埋葬父亲的费用也凑不
chū lái　wèi le mái zàng fù qīn　tā zhǐ hǎo bǎ zì jǐ diǎn yā gěi yǒu qián rén jiā
出来。为了埋葬父亲，他只好把自己典押给有钱人家
dàng yōng gōng　xiāng chuán　dǒng yǒng de xiào xíng gǎn dòng le shàng tiān　jiǔ tiān xiān
当佣工。相传，董永的孝行感动了上天，九天仙
nǚ xià fán　bāng zhù dǒng yǒng
女下凡，帮助董永
huán qīng le zhài wù　hái jià gěi
还清了债务，还嫁给
tā wéi qī　xì qǔ　tiān xiān
他为妻。戏曲《天仙
pèi　de gù shi jiù yóu cǐ yǎn
配》的故事就由此演
biàn ér lái　hòu lái rén men biàn
变而来。后来人们便
bǎ xiān rén xià fán de dì fang chēng
把仙人下凡的地方称
zuò xiào gǎn　zhè ge gù shi suī
作孝感。这个故事虽
rán shì shén huà chuán shuō　què
然是神话传说，却
jiào yù wǒ men yào shàn dài fù mǔ
教育我们要善待父母，
xiào shùn shuāng qīn
孝顺双亲。

清费丹旭绘《鹊桥会图》（局部）

原文

xiōng dào yǒu，dì dào gōng，
兄道友，弟道恭，
xiōng dì mù，xiào zài zhōng。
兄弟睦，孝在中。

释义

做哥哥的要爱护弟弟，做弟弟的要尊敬哥哥；兄弟之间和睦相处，这其中就包含了孝道。

故事

## 孔融让梨

kǒng róng shì dōng hàn mò nián rén，chū shēn shì jiā，cóng xiǎo jiù cōng míng guò rén，yǒu chāo rén de cái zhì，shì zhōng guó wén xué shǐ shang zhù míng de "jiàn ān qī zǐ"（dōng hàn jiàn ān nián jiān qī wèi wén xué jiā kǒng róng、chén lín、wáng

孔融是东汉末年人，出身世家，从小就聪明过人，有超人的才智，是中国文学史上著名的"建安七子"（东汉建安年间七位文学家孔融、陈琳、王

清人绘《历代名臣像解》中的孔融画像

càn xú gàn ruǎn yǔ yīng yáng liú zhēn zhī yī jù shuō zài tā sì suì
粲、徐幹、阮瑀、应玚、刘桢）之一。据说在他四岁
shí yí cì yǒu rén sòng lái yì kuāng lí tā hé jǐ gè gē ge yì qǐ tiāo kǒng
时，一次有人送来一筐梨，他和几个哥哥一起挑，孔
róng tiāo le zuì xiǎo de yí gè fù qīn wèn tā nǐ zěn me bù ná dà de ne
融挑了最小的一个。父亲问他：“你怎么不拿大的呢？”
tā shuō gē ge nián jì bǐ wǒ dà
他说：“哥哥年纪比我大，
yīng gāi chī dà de wǒ nián jì xiǎo
应该吃大的，我年纪小，
zěn me néng ná dà de ne fù qīn
怎么能拿大的呢？”父亲
tīng hòu lián lián chēng zàn kǒng róng
听后，连连称赞孔融
shì gè dǒng shì de hái zi cóng cǐ
是个懂事的孩子，从此
gèng xǐ huan tā le
更喜欢他了。

kǒng róng ràng lí shì liú
孔融让梨，是流
chuán qiān gǔ de lǐ yì qiān ràng jiā
传千古的礼义谦让佳
huà yě shì shèng chuán bù shuāi de
话，也是盛传不衰的
ér tóng qǐ méng jiào yù de diǎn xíng gù
儿童启蒙教育的典型故
shi zài zhōng guó xiào jìng zhǎng bèi
事。在中国，孝敬长辈
jiào xiào zūn jìng xiōng zhǎng jiào tì
叫孝，尊敬兄长叫悌。
xiào tì zhī qíng shì zhōng huá mín zú de
孝悌之情是中华民族的
chuán tǒng měi dé shì měi gè rén dōu
传统美德，是每个人都
yīng gāi dǒng de dào lǐ
应该懂得的道理。

清徐扬绘《让梨图》

原文

cái wù qīng yuàn hé shēng
财物轻，怨何生？
yán yǔ rěn fèn zì mǐn
言语忍，忿自泯。

释义

不贪图财物，兄弟之间怎么会产生怨恨？言语上互相忍让，愤恨自然就消除了。

故事

## 重义轻财

bǔ shì shì xī hàn shí zhù míng de xián shì
卜式是西汉时著名的贤士，
tā duì dì di hěn yǒu hǎo zhào gù de hěn zhōu
他对弟弟很友好，照顾得很周
dào fù mǔ qù shì hòu xiōng dì liǎ fēn jiā
到。父母去世后，兄弟俩分家，
bǔ shì bǎ jiā zhōng de cái chǎn dōu ràng gěi dì
卜式把家中的财产都让给弟
di zì jǐ zhǐ yào le yì bǎi duō zhī yáng shí
弟，自己只要了一百多只羊。十
jǐ nián hòu yáng qún fán zhí dào shàng qiān zhī
几年后，羊群繁殖到上千只，

清顾沅辑《古圣贤像传略》中的卜式画像

他买了房屋，置办了土地，成为当地有名的富户。而这时弟弟因经营不善而破产，卜式便把自己的财产分了一半给弟弟。卜式不仅不贪图财物，而且为了照顾弟弟，还把自己的财产分给弟弟，这一行为感动了当时的人，大家都说他是个重亲情、不爱财的君子。

卜式不仅关爱家人，还十分爱国。当时，由于汉朝与匈奴连年作战，耗费了大量钱财，致使国库空虚。为此，卜式上书汉武帝，表示愿意捐出自己的一半家产资助朝廷。汉武帝知道此事后，多次赞赏他重义轻财的品行。

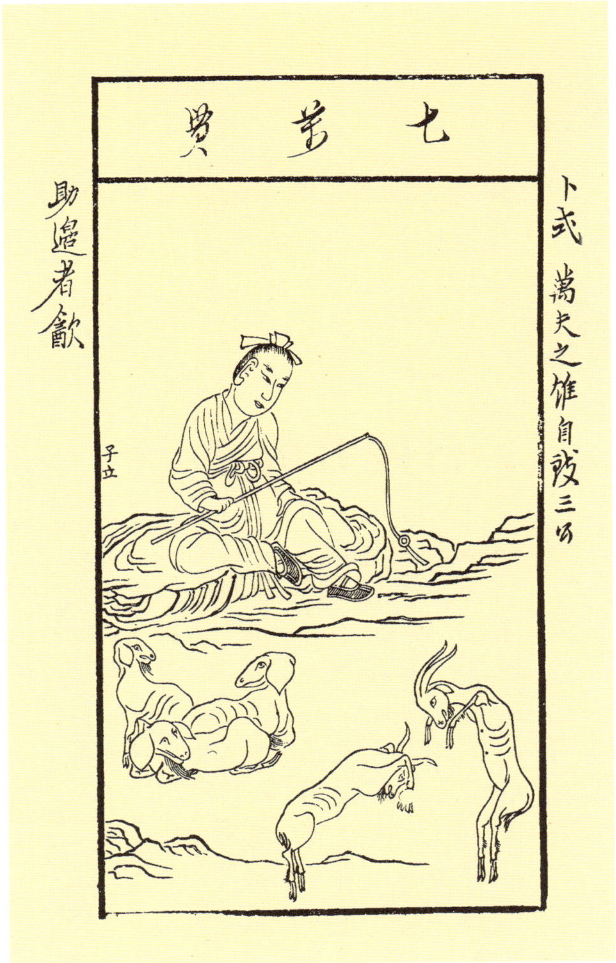

明陈洪绶绘《博古叶子》中的卜式画像，描绘卜式牧羊的场景

## 原文

huò yǐn shí, huò zuò zǒu,
或饮食，或坐走，
zhǎng zhě xiān, yòu zhě hòu
长者先，幼者后。

## 释义

吃饭时，应当让长辈先动筷子；就座时，应当让长辈先入座；走路时，应当让长辈先行，晚辈跟在后面。

## 故事

### 信陵君敬老

xìn líng jūn shì zhàn guó sì gōng zǐ zhī
信陵君是战国四公子之
yī, wèi guó guó jūn de dì di suī rán shì
一，魏国国君的弟弟。虽然势
lì hěn dà, yǒu mén kè shàng qiān rén, dàn shì
力很大，有门客上千人，但是
xìn líng jūn què shì gè jìng lǎo ài xián de rén
信陵君却是个敬老爱贤的人。

yǒu yí cì, tā tīng shuō yǒu yí gè kān
有一次，他听说有一个看
chéng mén de lǎo rén hóu yíng hěn yǒu xián dé,
城门的老人侯嬴很有贤德，

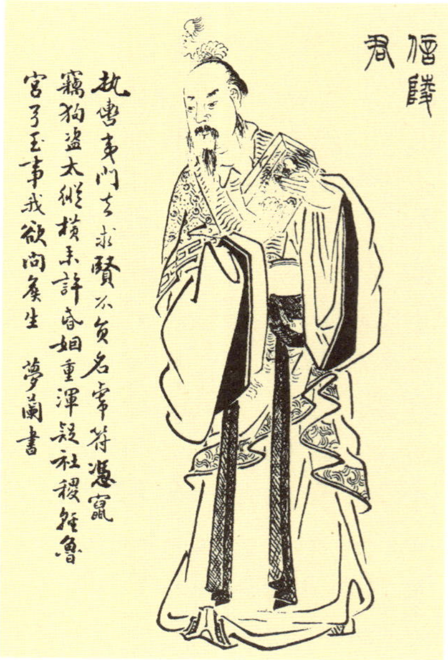

清绣像本《东周列国志》中的信陵君画像

jiù shí fēn zhèng zhòng de qián qù qǐng jiào tā qīn zì jià chē bìng bǎ chē shang
就十分郑重地前去请教。他亲自驾车，并把车上
zūn guì de wèi zi kòng chū lái liú gěi hóu yíng hóu yíng yě zhī dào xìn líng jūn de míng
尊贵的位子空出来留给侯嬴。侯嬴也知道信陵君的名
shēng jiù xiǎng kàn kan tā jìng lǎo ài xián shì bu shì zhēn de suǒ yǐ xìn líng jūn qù
声，就想看看他敬老爱贤是不是真的，所以信陵君去
jiē tā de shí hou biàn gù yì zhuāng chū ào màn de yàng zi tā shuō yào dào shì
接他的时候，便故意装出傲慢的样子。他说要到市
chǎng shang qù kàn yí gè shā zhū de péng you xìn líng jūn lián máng bǎ tā lā dào shì
场上去看一个杀猪的朋友，信陵君连忙把他拉到市
chǎng shang hóu yíng hé péng
场上。侯嬴和朋
you zhū hài xián liáo qǐ lái
友朱亥闲聊起来，
xìn líng jūn de shǒu xià děng de
信陵君的手下等得
bú nài fán le ér xìn líng
不耐烦了，而信陵
jūn què shí fēn ān xiáng méi
君却十分安详，没
yǒu yì diǎn er jí zào de yàng
有一点儿急躁的样
zi hóu yíng yóu cǐ zhī dào
子。侯嬴由此知道
xìn líng jūn de jìng lǎo shì zhēn
信陵君的敬老是真
xīn de yú shì tòng kuài de
心的，于是痛快地
zuò le tā de mén kè cóng
做了他的门客，从
cǐ gān yuàn wèi xìn líng jūn chū
此甘愿为信陵君出
móu huà cè shèn zhì xiàn chū
谋划策，甚至献出
zì jǐ de shēng mìng
自己的生命。

清吴历绘《信陵君夷门访贤图》，讲述信陵君拜请侯嬴的故事。图中描绘的是侯嬴与朋友朱亥交谈，而信陵君在耐心等待的场景

原文

zhǎng hū rén，jí dài jiào，
长呼人，即代叫，
rén bú zài，jǐ jí dào。
人不在，己即到。

释义

长辈呼唤人时，如果你听到了，应马上帮他呼叫；如果要叫的人不在，而你能做长辈吩咐的事，就应该前去帮忙。

宋马和之绘《孝经图》之一

# 代人养母

杜环是明朝的一名官员，他父亲的一位朋友去世后，留下母亲无人照顾，而她的小儿子也不知下落。这位母亲去找自己的亲戚，结果谁也不愿意照顾她。万般无奈之下，这位母亲只好到处去寻找自己的儿子。杜环得知此事，决定先赡养这位老人，并代老人寻找儿子的下落。后来，这位母亲的儿子虽然找到了，但他匆匆见了母亲一面，就找借口离开，再也没有露面。而杜环则一直赡养着这位老人，对她很孝敬，就像对待自己的母亲一样。

四川成都曾家包汉墓出土画像《养老图》

## 原文

chēng zūn zhǎng wù hū míng
称尊长，勿呼名，

duì zūn zhǎng wù xiàn néng
对尊长，勿见能。

## 释义

有事情叫长辈，不能直接称呼他们的名字；长辈见多识广，在他们面前，要多听他们说话，不要夸耀自己的才能。

## 故事

### 贤明的妻子

chūn qiū shí qí guó xiàng guó yàn yīng de chē fū yǒu yí cì huí jiā hòu qī zi biǎo shì jiān jué yào lí kāi tā chē fū hěn chī jīng máng wèn tā wèi shén me qī zi shuō nǐ kàn yàn yīng suī rán shēn wéi xiàng guó
春秋时，齐国相国晏婴的车夫有一次回家后，妻子表示坚决要离开他。车夫很吃惊，忙问她为什么。妻子说：“你看晏婴虽然身为相国，

明佚名绘《孔子圣迹图》之《晏婴沮封》（局部），图中跪地者为晏婴，他在向齐景公阐述儒者不堪重用，阻止齐景公加封孔子

明刻本《列女传》插图《齐相御妻》，描绘晏子御者趾高气扬，而其妻在门后偷偷观望的场景

míng yáng tiān xià kě shì jīn tiān wǒ jiàn dào tā zuò zài chē shang shén qíng ān rán
名扬天下，可是今天我见到他坐在车上，神情安然，
tài dù qiān gōng zài kàn nǐ xiàng mào táng táng de nán zǐ hàn zhǐ shì yí gè
态度谦恭。再看你，相貌堂堂的男子汉，只是一个
chē fū què bǎi chū yí fù bù kě yí shì de yàng zi zhè shì bù zhī fēn cun
车夫，却摆出一副不可一世的样子，这是不知分寸。
xiàng guó dōu nà me qiān gōng nǐ yòu yǒu shén me zhí dé xuàn yào de ne nán dào
相国都那么谦恭，你又有什么值得炫耀的呢？难道
zhǐ shì yīn wèi gěi xiàng guó gǎn chē ma tīng wán qī zi de pī píng chē fū hěn
只是因为给相国赶车吗？”听完妻子的批评，车夫很
cán kuì cóng cǐ biàn de qiān xū qǐ lái yàn yīng fā xiàn le chē fū de biàn huà
惭愧，从此变得谦虚起来。晏婴发现了车夫的变化，
wèn qīng yuán yóu hòu xiàng qí jǐng gōng tuī jiàn tā zuò le dà fū bìng duì tā de
问清缘由后，向齐景公推荐他做了大夫，并对他的
qī zi jìn xíng le jiǎng shǎng
妻子进行了奖赏。

原文

lù yù zhǎng，jí qū yī，
路遇长，疾趋揖，
zhǎng wú yán，tuì gōng lì。
长无言，退恭立。

释义

路上遇见长辈，应当迅速上前鞠躬问好；长辈没有和你说话时，要退在一旁恭敬站立，不要多嘴。

故事

## 圯桥进履

清任薰绘《张良纳履图》，描绘张良在圯桥为黄石公捡拾鞋子的场景

zhāng liáng shì xī hàn míng chén
张良是西汉名臣，
nián qīng shí fēi cháng zūn jìng zhǎng bèi
年轻时非常尊敬长辈。
yǒu yì tiān zhāng liáng zhèng zài xià
有一天，张良正在下
pī de yí qiáo biān sàn bù fā xiàn
邳的圯桥边散步，发现
yí gè shēn chuān cū bù yī shang de lǎo rén zuò zài qiáo tóu lǎo rén jiàn zhāng liáng zǒu
一个身穿粗布衣裳的老人坐在桥头。老人见张良走

guò lái bǎ jiǎo shang de cǎo xié shuǎi dào qiáo
过来，把脚上的草鞋甩到桥
xià duì zhāng liáng shuō xiǎo huǒ zi gěi
下，对张良说：“小伙子，给
wǒ bǎ xié jiǎn shàng lái zhāng liáng jué de
我把鞋捡上来。”张良觉得
hěn qí guài yǐ wéi shì lǎo rén gù yì zhuō nòng
很奇怪，以为是老人故意捉弄
tā dàn tā jiàn lǎo rén nián jì hěn dà yīng
他，但他见老人年纪很大，应
gāi zūn jìng yú shì biàn xià qiáo bǎ xié zi jiǎn
该尊敬，于是便下桥把鞋子捡
le shàng lái lǎo rén méi yǒu yòng shǒu jiē xié
了上来。老人没有用手接鞋
zi ér shì bǎ jiǎo shēn guò lái ràng zhāng
子，而是把脚伸过来，让张
liáng gěi zì jǐ chuān shàng zhāng liáng guì zhe
良给自己穿上，张良跪着
gěi lǎo rén chuān shàng le xié zi
给老人穿上了鞋子。

yuán lái lǎo rén shì zhù míng de xué zhě
原来，老人是著名的学者
huáng shí gōng zài gù yì kǎo yàn zhāng liáng
黄石公，在故意考验张良。
tā jiàn zhāng liáng shì gè kě sù zhī cái jiù
他见张良是个可塑之材，就
bǎ shén qí bīng shū tài gōng bīng fǎ sòng
把神奇兵书《太公兵法》送
gěi le tā cǐ hòu zhāng liáng yùn yòng bīng
给了他。此后，张良运用兵
fǎ shang de zhì móu wèi liú bāng chū móu huà
法上的智谋，为刘邦出谋划
cè chéng wéi yùn chóu wéi wò zhī zhōng jué
策，成为“运筹帷幄之中，决
shèng qiān lǐ zhī wài de zhù míng jūn shì jiā
胜千里之外”的著名军事家。

清冯箕绘《圯桥进履图》（局部），描绘张良为黄石公取来鞋子的场景

原文

qí xià mǎ chéng xià chē
骑下马，乘下车，
guò yóu dài bǎi bù yú
过犹待，百步余。

释义

遇到长辈时，骑马的要下马，乘车的要下车；长辈走过时，要在原地待一会儿，等长辈走过百余步后才能离开。

故事

## 汉惠帝敬老

近代房鸿勋绘《商山四皓》图（局部）

hàn huì dì liú yíng shì hàn gāo zǔ liú bāng
汉惠帝刘盈是汉高祖刘邦
de ér zi bèi lì wéi tài zǐ dàn liú bāng bù
的儿子，被立为太子。但刘邦不
xǐ huan liú yíng suǒ yǐ zǒng xiǎng fèi diào tā lìng
喜欢刘盈，所以总想废掉他另
lì tài zǐ dāng shí yǒu sì wèi dé gāo wàng zhòng
立太子。当时有四位德高望重
de rén shǐ chēng shāng shān sì hào
的人（史称“商山四皓”），
liú bāng xiǎng ràng tā men rù cháo zuò guān dàn zhè
刘邦想让他们入朝做官，但这

sì wèi lǎo rén què xián liú bāng
四位老人却嫌刘邦
xìng gé fàng dàng bù jī hài
性格放荡不羁，害
pà shòu tā wǔ rǔ liú bāng
怕受他侮辱，刘邦
duō cì xiāng yāo dōu bèi tā
多次相邀，都被他
men jù jué le
们拒绝了。

liú yíng qián qù bài fǎng
刘盈前去拜访
tā men zūn tā men wéi zhǎng
他们，尊他们为长
bèi zhè sì wèi lǎo rén duì
辈。这四位老人对
liú yíng de xíng wéi hěn gǎn dòng
刘盈的行为很感动，
jiù dā ying gēn suí zài tā de
就答应跟随在他的
shēn biān yǒu yí cì liú
身边。有一次，刘
yíng shàng cháo zhè sì wèi lǎo
盈上朝，这四位老
rén zài shēn hòu péi zhe tā
人在身后陪着他。
liú bāng jiàn zhuàng dà chī yì
刘邦见状大吃一
jīng zì jǐ qǐng bu dào de
惊，自己请不到的
rén jìng ràng ér zi qǐng lái le
人竟让儿子请来了。
cóng cǐ liú bāng biàn dǎ xiāo
从此，刘邦便打消
le fèi tài zǐ de niàn tou
了废太子的念头。

近代黄山寿绘《商山四皓图》

## 原文

zhǎng zhě lì, yòu wù zuò,
**长者立，幼勿坐，**
zhǎng zhě zuò, mìng nǎi zuò.
**长者坐，命乃坐。**

## 释义

假如长辈站着，做晚辈的就不要自以为是地坐下；长辈坐下后，招呼你坐下，你才可以坐下。

## 故事

### 王生结袜

zhāng shì zhī shì xī hàn zhù míng de dà chén, tā fēi cháng zūn zhòng zhǎng bèi. yǒu yí cì, huáng dì zhào jiàn chǔ shì (dé cái jiān bèi ér

张释之是西汉著名的大臣，他非常尊重长辈。有一次，皇帝召见处士（德才兼备而

民国蔡振绅编《八德须知·廉耻》插图《释之结袜》，描绘张释之正在为王生系袜带的场景

bú yuàn zuò guān de rén wáng shēng qǐng tā jiǎng jiě huáng lǎo xué shuō xī hàn
不愿做官的人）王生，请他讲解黄老学说（西汉
chū qī liú xíng de dào jiā xué shuō zhǔ zhāng wú wéi ér zhì de jīng suǐ xǔ
初期流行的道家学说，主张无为而治）的精髓，许
duō dá guān guì rén dōu qián lái cān jiā chǎng miàn shí fēn rè nao
多达官贵人都前来参加，场面十分热闹。

kāi jiǎng qián wáng shēng hū rán duì zhāng shì zhī shuō wǒ wà zi de dài
开讲前，王生忽然对张释之说：“我袜子的带
zi kāi le gěi wǒ bǎng shàng ba zhāng shì zhī zài zhòng mù kuí kuí zhī xià
子开了，给我绑上吧！”张释之在众目睽睽之下
zǒu dào wáng shēng shēn biān tǎn rán de guì xià gōng gōng jìng jìng de gěi tā bǎng
走到王生身边，坦然地跪下，恭恭敬敬地给他绑
hǎo wà dài zhāng shì zhī shēn wéi gāo guān néng jù yǒu lǐ xián xià shì jìng lǎo
好袜带。张释之身为高官，能具有礼贤下士、敬老
zūn xián de měi dé yīn cǐ yíng dé le rén men de zūn jìng cóng cǐ tā de wēi
尊贤的美德，因此赢得了人们的尊敬，从此他的威
wàng gèng gāo le
望更高了。

南宋佚名绘《孝经图卷》之《广至德章》，讲述“至德”感人至深的道理

## 原文

zūn zhǎng qián，shēng yào dī，
尊长前，声要低，
dī bù wén，què fēi yí。
低不闻，却非宜。

## 释义

在长辈面前说话时，声音要低一些，但低得让人听不清楚，却是不合适的。

佚名绘《女孝经图》，描绘女子在恭敬侍奉两位老人的场景

解说

## 敬老传统

尊敬长辈是中华民族的传统美德，在很早以前，就已经形成了尊老爱老的风气。古代有一部叫《礼记》的书，是专门讲礼仪制度的。其中，就有怎样尊敬老人、照顾老人的一些礼仪规范。比如，其中《曲礼》一篇就讲道：毋侧听，毋噭应，毋淫视。就是说，不要侧耳偷听长者讲话，长者和你说话不要高声大叫，在长者面前不要流转眼珠斜看。可见，在古代，中国就已经有了具体的尊老礼仪规范。今天，我们应该把这些优良传统发扬光大。

清黄慎绘《寿星图》

原文

jìn bì qū，tuì bì chí，
进必趋，退必迟，
wèn qǐ duì，shì wù yí。
问起对，视勿移。

释义

去见长辈的时候，要快步上前，告退时要放慢步子；长辈问你话，要站起来回答，眼睛看着长辈，不要东张西望。

南宋佚名绘《孝经图卷》之《纪孝行章》，讲述子女平日行孝的道理

# 代人行孝

zhāng cāng shì xī hàn de chéng xiàng tóng shí yě shì yí gè fēi cháng zūn jìng
张苍是西汉的丞相，同时也是一个非常尊敬
zhǎng bèi de rén zhāng cāng nián qīng de shí hou céng jīng dé dào wáng líng de xǔ duō
长辈的人。张苍年轻的时候，曾经得到王陵的许多
zhào gù suǒ yǐ zhāng cāng dāng guān yǐ hòu wèi le gǎn xiè wáng líng cháng
照顾，所以，张苍当官以后，为了感谢王陵，常
cháng xiàng duì dài fù qīn yí yàng zhào gù tā hòu lái wáng líng qù shì zhāng
常像对待父亲一样照顾他。后来，王陵去世。张
cāng zhè shí yǐ jīng shì cháo tíng de chéng xiàng dàn tā cháng cháng zài gōng wù zhī
苍这时已经是朝廷的丞相，但他常常在公务之
yú yì yǒu kòng xián jiù xiān qù zhào gù wáng líng de fū rén shèn zhì qīn zì cì
余，一有空闲就先去照顾王陵的夫人，甚至亲自伺
hou wáng fū rén chī fàn rán hòu zài huí jiā chǔ lǐ zì jǐ de sī shì zhāng cāng
候王夫人吃饭，然后再回家处理自己的私事。张苍
guì wéi chéng xiàng néng zhè yàng jǐn shèn qiān gōng de zhào gù zhǎng bèi zú jiàn zhōng
贵为丞相，能这样谨慎谦恭地照顾长辈，足见中
huá mín zú zūn lǎo měi dé de yuán yuǎn liú cháng
华民族尊老美德的源远流长。

明刻本《新锲重订补遗音释大字日记故事大成》插图《父事王陵》，讲述汉代张苍曾被王陵救下，后来张苍以事亲之礼侍奉王陵及其夫人的故事

## 原文

shì zhū fù rú shì fù
事诸父，如事父；
shì zhū xiōng rú shì xiōng
事诸兄，如事兄。

## 释义

对待叔伯等父辈，应该像对待自己的父亲一样恭敬；对待兄长辈的亲友，也应像对待自己的胞兄一样敬重。

## 故事

### 海神妈祖

清刻本《三教源流搜神大全》中的天妃娘娘（林默）画像

běi sòng shí fú jiàn pú tián yǒu yí wèi
北宋时，福建莆田有一位
nǚ zǐ jiào lín mò fù qīn gē ge dōu shì
女子叫林默，父亲、哥哥都是
chuán fū yǒu yí cì chū hǎi fù qīn hé gē
船夫。有一次出海，父亲和哥
ge de chuán yù dào le hǎi nàn suī rán jīng guò
哥的船遇到了海难，虽然经过
lín mò hé dà jiā de nǔ lì fù qīn dé jiù
林默和大家的努力，父亲得救

le dàn gē ge què zài yě méi yǒu huí lái hòu lái lín mò wèi le bì miǎn gèng
了，但哥哥却再也没有回来。后来，林默为了避免更
duō de rén zāo yù gē ge nà yàng de bēi jù yú shì jīng cháng mào zhe wēi xiǎn qù jiù
多的人遭遇哥哥那样的悲剧，于是经常冒着危险去救
zhù nà xiē guò wǎng de chuán zhī rén men jīng cháng néng zài yè lǐ kàn dào yí wèi tí
助那些过往的船只。人们经常能在夜里看到一位提
dēng de nǚ shén zhǐ yǐn háng xíng de chuán zhī yóu yú cāo láo guò dù nián jǐn
灯的女神，指引航行的船只。由于操劳过度，年仅
èr shí bā suì lín mò jiù guò zǎo de qù shì le hòu lái rén men wèi le jì
二十八岁，林默就过早地去世了。后来，人们为了纪
niàn lín mò biàn zài yán hǎi de xǔ duō dì fang xiū jiàn miào yǔ yǐ cǐ lái biǎo dá duì tā de jìng yǎng bìng chēng tā wéi hǎi shén mā zǔ
念林默，便在沿海的许多地方修建庙宇，以此来表达对她的敬仰，并称她为“海神妈祖”。

yì qiān duō nián lái mā zǔ miào bù jǐn biàn bù zhōng guó dà dì ér qiě suí zhe huá qiáo de zú jì zǒu xiàng shì jiè duō gè guó jiā shǐ mā zǔ chéng wéi jù yǒu shì jiè yǐng xiǎng de zhōng guó nǚ hǎi shén
一千多年来，妈祖庙不仅遍布中国大地，而且随着华侨的足迹走向世界多个国家，使妈祖成为具有世界影响的中国女海神。

清无名氏绘《妈祖圣迹图》之《化草救商》

原文

zhāo qǐ zǎo，yè mián chí，
朝起早，夜眠迟，
lǎo yì zhì，xī cǐ shí。
老易至，惜此时。

释义

早晨要早点起来，晚上要晚些上床；人的一生很短，转眼就老了，应该珍惜年轻时的光阴。

故事

## 温公警枕

sī mǎ guāng shì běi sòng zhù míng de zhèng zhì jiā，cóng xiǎo cōng míng guò
司马光是北宋著名的政治家，从小聪明过

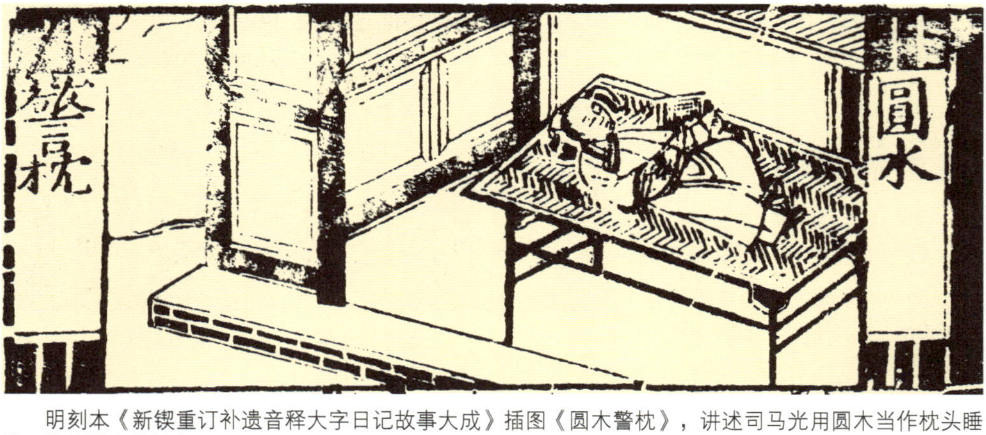


明刻本《新锲重订补遗音释大字日记故事大成》插图《圆木警枕》，讲述司马光用圆木当作枕头睡觉，勤奋学习的故事

清人绘《历代帝王圣贤名臣大儒遗像》中的司马光画像

人，被誉为神童，但他并不因此而骄傲。为了每天早起读书，他请人用圆木做了一个枕头，用这个枕头睡觉，睡熟后只要一转头就会滑下来，磕在床板上，他就会惊醒，爬起来读书。

就这样，司马光孜孜不倦，夜以继日，学业不断长进，事业也取得了很大成就，死后被追封为温国公。“温公警枕”的故事也因此成为后人勤奋学习的例子。

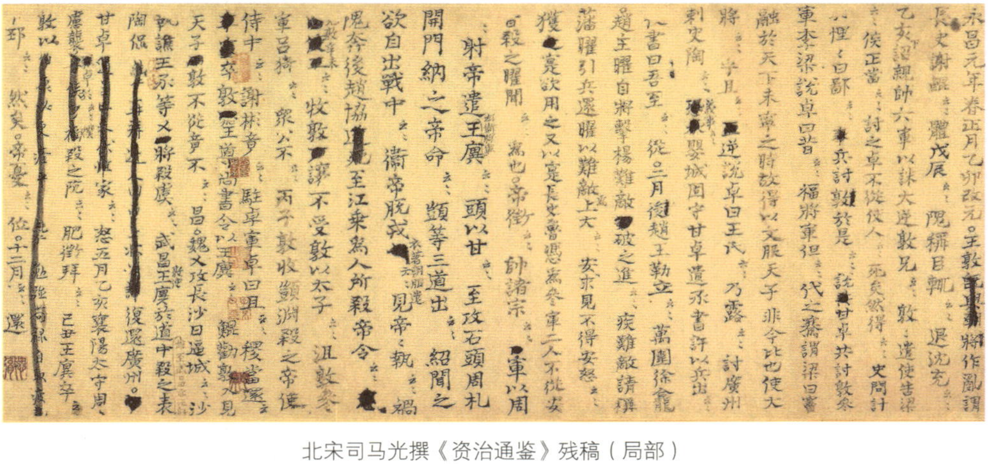

北宋司马光撰《资治通鉴》残稿（局部）

## 原文

chén bì guàn，jiān shù kǒu，
晨必盥，兼漱口，
biàn niào huí，zhé jìng shǒu。
便溺回，辄净手。

## 释义

清晨起床后，一定要洗脸漱口；每次大小便完毕，都要把手洗干净。

## 解说

### 卫生习惯

明郭诩绘朱熹画像

sú huà shuō，bìng cóng kǒu rù。suǒ yǐ，yǎng chéng liáng hǎo de wèi shēng xí guàn，qín xǐ shǒu、qín shù kǒu，shì bǎo chí shēn tǐ jiàn kāng、jiǎn shǎo shēng bìng de qián tí。tóng shí，qín xǐ shù，fú shì zhěng jié，yě shì

俗话说，病从口入。所以，养成良好的卫生习惯，勤洗手、勤漱口，是保持身体健康、减少生病的前提。同时，勤洗漱，服饰整洁，也是

yí biǎo měi de yí gè zhòng yào fāng miàn lìng wài zhè bù jǐn jǐn shì gè wèi shēng
仪表美的一个重要方面。另外，这不仅仅是个卫生
xí guàn wèn tí yě néng fǎn yìng chū gè rén xiū yǎng de shuǐ píng wǒ men yīng gāi
习惯问题，也能反映出个人修养的水平。我们应该
cóng xiǎo shí hou qǐ jiù yǎng chéng liáng hǎo de wèi shēng xí guàn hé guī lǜ de shēng
从小时候起，就养成良好的卫生习惯和规律的生
huó fāng shì zuò yí gè jiǎng wèi shēng yǒu xiū yǎng de wén míng rén
活方式，做一个讲卫生、有修养的文明人。

nán sòng zhù míng xué zhě zhū xī jiù shì zhè fāng miàn de dài biǎo tā bù jǐn
南宋著名学者朱熹就是这方面的代表，他不仅
zhī shi yuān bó ér qiě hěn zhù zhòng yí biǎo hé lǐ jié měi tiān zǎo qǐ xǐ liǎn
知识渊博，而且很注重仪表和礼节。每天早起洗脸、
shù kǒu hòu xiān dào zǔ miào qù guì bài zǔ xiān rán hòu huí shū fáng xué xí shū
漱口后，先到祖庙去跪拜祖先，然后回书房学习。书
fáng de jī àn bǎi de zhōu zhèng shū jí hé yòng pǐn pái liè yǒu xù yí qiè dōu
房的几案摆得周正，书籍和用品排列有序，一切都
yǒu tiáo bù wěn tā de zhè zhǒng shēng huó xí guàn yì zhí bǎo chí dào lǎo cóng wèi
有条不紊。他的这种生活习惯一直保持到老，从未
gǎi biàn
改变。

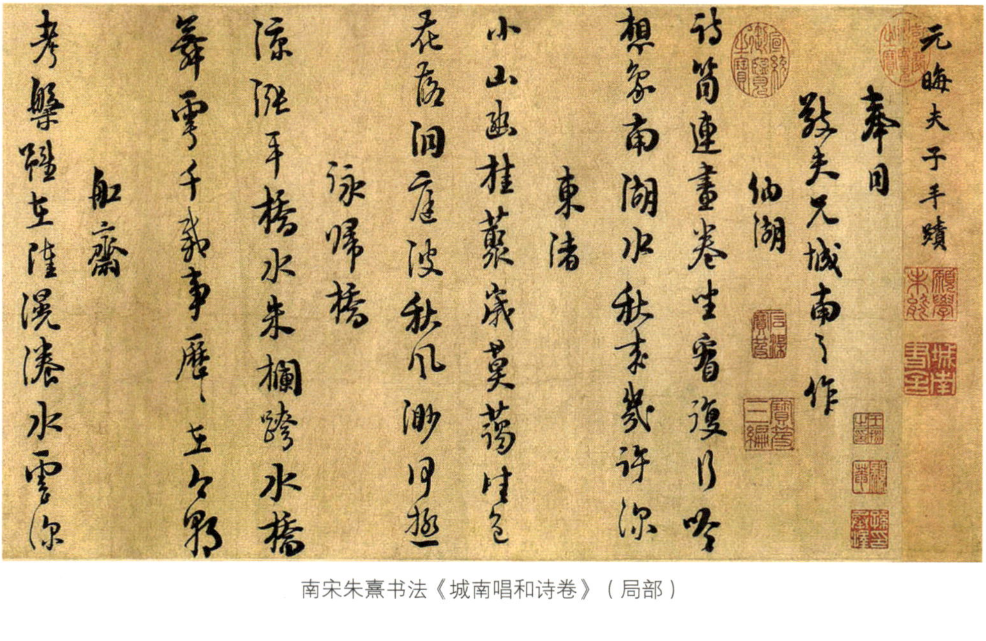

南宋朱熹书法《城南唱和诗卷》（局部）

## 原文

guān bì zhèng niǔ bì jié
**冠必正，纽必结，**
wà yǔ lǚ jù jǐn qiè
**袜与履，俱紧切。**

## 释义

帽子要戴端正，纽扣要扣好，袜子要穿平整，鞋带要系紧。

## 故事

### 结缨而死

kǒng zǐ de xué shēng zǐ lù suī rán
孔子的学生子路虽然
xìng qíng cū lǔ dàn hěn shuài zhēn zhí
性情粗鲁，但很率真、直
shuǎng tóng shí yě shì yí gè fēi cháng jiǎng
爽，同时也是一个非常讲
jiu yí biǎo de rén yǒu yì nián wèi guó
究仪表的人。有一年，卫国
fā shēng nèi luàn zhèng zài guó wài de zǐ
发生内乱，正在国外的子

南宋佚名绘《孔子弟子像卷》中的子路画像

路听说以后，急忙往回返。有人劝他：“现在国内十分危险，去了很可能遭受灾祸。”子路说：“拿了国家的俸禄，就不能躲避祸难。”子路进城以后，想帮助国君平叛，结果因寡不敌众，被敌方的武士击中，身受重伤，帽子上的缨带也被割断了。子路知道自己难逃一死，立即停止格斗，说：“君子虽死，但不能让帽子脱落而失礼。”他放下武器，去系帽缨，结果被敌方刺死。

清绣像本《东周列国志》插图《纳蒯聩子路结缨》，描绘在卫国内乱中，子路因整理被割断的帽带而被杀死的场景

## 原文

zhì guān fú　yǒu dìng wèi
置冠服，有定位，
wù luàn dùn　zhì wū huì
勿乱顿，致污秽。

## 释义

放置帽子和衣服，要有固定的地方，不可以到处乱丢，以免弄乱弄脏。

## 解说

### 古代冠服

zài gǔ dài　guān fú shì zhǐ mào zi hé yī fu　yì bān zài zhèng shì chǎng hé chuān dài　jiù hǎo xiàng wǒ men jīn tiān de gōng zuò fú　lǐ fú yí yàng　suǒ yǐ bù néng luàn diū luàn fàng　yǐ miǎn diū shī huò
在古代，冠服是指帽子和衣服，一般在正式场合穿戴，就好像我们今天的工作服、礼服一样，所以不能乱丢乱放，以免丢失或

清乾隆孝贤纯皇后朝服像

nòng zāng
弄脏。

yī guān duì gǔ rén lái shuō shí fēn zhòng yào shì rén lèi wén míng de zhòng
衣冠对古人来说十分重要，是人类文明的重
yào biāo zhì nán zǐ chéng nián yào jǔ xíng jiā guān lǐ shuō míng cǐ hòu kě yǐ dài
要标志。男子成年要举行加冠礼，说明此后可以戴
guān xī jìn tiān xià dà luàn shí zhōng yuán shì zú fēn fēn nán táo bèi chēng wéi
冠。西晋天下大乱时，中原士族纷纷南逃，被称为
yī guān nán dù ér chūn qiū shí wú yuè zhī dì shàng wèi kāi fā zhōng yuán
“衣冠南渡”；而春秋时吴越之地尚未开发，中原
rén kàn bu qǐ tā men duàn fà wén shēn de xí sú jiāng qí shì wéi yě mán
人看不起他们“断发文身”的习俗，将其视为野蛮
luò hòu de biǎo xiàn
落后的表现。

明代文臣朝服像

zài shí jì shēng huó
在实际生活
zhōng bù jǐn jǐn shì yī fu
中，不仅仅是衣服、
xié mào jiù shì qí tā dōng
鞋帽，就是其他东
xi yě yào fàng zài gù dìng
西，也要放在固定
de dì fang yǎng chéng zhè zhǒng
的地方。养成这种
liáng hǎo de xí guàn duì yú
良好的习惯，对于
wǒ men de shēng huó hé gōng zuò
我们的生活和工作
dōu shì yǒu hǎo chù de yóu cǐ
都是有好处的。由此
kàn lái gǔ rén duì guān fú
看来，古人对冠服
de jiǎng jiu duì wǒ men jīn
的讲究，对我们今
tiān réng yǒu jiè jiàn yì yì
天仍有借鉴意义。

## 原文

yī guì jié bú guì huá
**衣贵洁，不贵华，**
shàng xún fèn xià chèn jiā
**上循分，下称家。**

## 释义

穿衣服贵在整洁干净，而不在于华贵漂亮；衣着既要符合自己的身份，也要和家庭背景相称。

## 故事

### 王安石的衣着

清殿藏本王安石画像

wáng ān shí shì běi sòng fù yǒu gǎi gé jīng shén de zhèng zhì jiā sòng shén zōng shí dān rèn zǎi xiàng shí xíng biàn fǎ bèi yù wéi zhōng guó shí yī shì jì shí de gǎi gé jiā tóng shí tā yòu shì zhù míng de wén
王安石是北宋富有改革精神的政治家，宋神宗时担任宰相，实行变法，被誉为“中国十一世纪时的改革家”。同时，他又是著名的文

xué jiā suǒ zuò shī cí qiú jìng sǎn wén xióng jiàn wéi táng sòng bā dà jiā
学家，所作诗词遒劲，散文雄健，为“唐宋八大家”
zhī yī
之一。

rán ér tā yǒu yí gè hěn dà de quē diǎn jiù shì bù jiǎng jiu yī zhuó de wèi
然而他有一个很大的缺点，就是不讲究衣着的卫
shēng tā bú ài xǐ zǎo bú ài huàn yī fu zǒng shì zāng xī xī de yǒu
生。他不爱洗澡，不爱换衣服，总是脏兮兮的。有
yí cì huáng dì zhào jiàn wáng ān shí hé jǐ wèi dà chén yì qǐ shāng yì guó jiā
一次，皇帝召见王安石和几位大臣一起商议国家
dà shì tán huà de shí hou yì zhī shī zi cóng wáng ān shí de yī lǐng li pá chū
大事。谈话的时候，一只虱子从王安石的衣领里爬出
lái pá dào le tā de liǎn shang huáng dì kàn dào hòu tōu tōu de xiào le kě
来，爬到了他的脸上。皇帝看到后，偷偷地笑了，可
wáng ān shí què yì diǎn er yě bù zhī dào hòu lái zhè jiàn shì chéng wéi rén men de
王安石却一点儿也不知道。后来，这件事成为人们的
xiào tán wáng ān shí shì yí wèi dà zhèng zhì jiā dàn tā de yí biǎo hé wèi shēng
笑谈。王安石是一位大政治家，但他的仪表和卫生
zhēn shì zāo gāo wǒ men qiān wàn bú yào xué tā de yàng zi ya
真是糟糕，我们千万不要学他的样子呀！

清院本《清明上河图》（局部），描绘北宋都城汴梁的繁华景象

原文

duì yǐn shí，wù jiǎn zé，
对饮食，勿拣择，
shí shì kě，wù guò zé。
食适可，勿过则。

释义

对于饮食，不要挑挑拣拣；吃东西要适量，不要没有节制。

明仇英绘《竹林七贤图》，描绘嵇康、阮籍、山涛、向秀、刘伶、王戎及阮咸七人常聚在当时的山阳县（今河南辉县、修武一带）竹林之下，肆意酣畅的场景

故事

## 服食养生

嵇康是三国时著名的文学家、思想家，一生崇尚老庄思想学说，生活上恬静无为，特别注意养生。

他曾经写过一篇文章叫《养生论》。在这篇文章中，嵇康讲述了人要有正确的生活态度，注意养生，只有做到这些，才可以达到健康长寿的目的。他在书中还特别提到，在饮食上要有节制，如果“饮食不节”，就会生百病。这些养生常识对我们今天的身体保健仍具有借鉴意义。

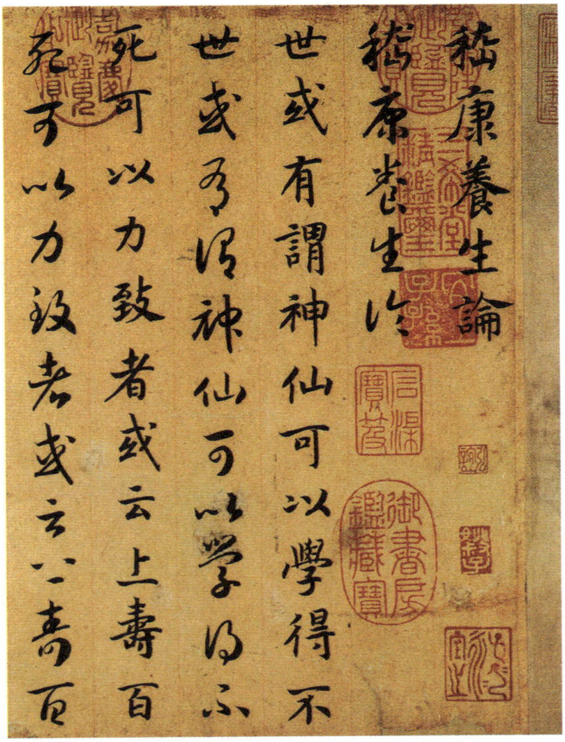


南宋高宗赵构手书嵇康《养生论》（局部）

原文

nián fāng shào wù yǐn jiǔ
年方少，勿饮酒，
yǐn jiǔ zuì zuì wéi chǒu
饮酒醉，最为丑。

释义

年龄还小的时候，不要喝酒；因为一旦喝酒醉倒，样子是最难看的。

解说

## 关于饮酒

jiǔ zài zhōng guó yǐ jīng yǒu jǐ qiān nián de lì shǐ zǎo zài xià shāng shí
酒在中国已经有几千年的历史，早在夏商时

明万邦治绘《醉饮图》

期就已盛行饮酒之风。夏禹认为饮酒小则误事，大则亡国，因此下令禁酒。而夏、商的灭亡，也与夏桀、纣王过度饮酒有关，因此西周时期颁布了禁酒令《酒诰》，以此作为君王执政的鉴戒。

虽然历代流传有许多文人墨客与酒的佳话（如陶渊明、李白、杜甫等人与酒的故事），但是青少年阶段正处于生长发育时期，在心理、生理等方面还不成熟，这时候，还缺乏自我控制的能力。所以，对于青少年来说，不能饮酒、抽烟；喝酒醉倒，那就更不应该了。这样既伤害身体，样子又不雅观，长期下去，还会养成不良的生活习惯，对今后的人生道路产生不良影响，所以青少年朋友应特别注意这个问题。

清苏六朋绘《太白醉酒图》

原文

bù cóng róng lì duān zhèng
步从容，立端正，
yī shēn yuán bài gōng jìng
揖深圆，拜恭敬。

释义

走路要不慌不忙，站立要姿势端正；作揖时要弯下腰，让身体呈一弓形，跪拜时要恭恭敬敬，显得非常诚恳。

故事

## 张九龄的风度

zhāng jiǔ líng shì táng xuán zōng shí de dà chén céng zhǔ chí lì bù kǎo shì bá cuì xuǎn rén de gōng zuò shí rén dōu chēng zàn tā gōng zhèng yǔn píng tā zhǔ zhāng bú àn zī gé xuǎn bá yòng rén bìng duì táng xuán

张九龄是唐玄宗时的大臣，曾主持吏部考试拔萃选人的工作，时人都称赞他公正允平。他主张不按资格选拔用人，并对唐玄

清人绘《历代名臣像解》中的张九龄画像

宗的弊政提出批评，因此遭到奸臣李林甫的诋毁而罢相。他还是一位优秀的诗人，所作《感遇诗》抒情感事，以格调刚健著称。

张九龄容貌清秀，平时总是衣帽整洁。走在路上，显得风度潇洒，与众不同。所以，每当朝廷有重要的朝会，在众人中间，他总是很显眼，连皇帝对他的举止都赞赏不已。同一位衣帽整洁而且又有风度的人在一起，我们会觉得愉快，感到精神焕发。相反，同一个不讲卫生又很俗气的人在一起，我们就会感到很难受。

明黄凤池辑《唐诗画谱》中的张九龄《答靳博士》诗意图

## 原文

wù jiàn yù wù bì yǐ
勿践阈，勿跛倚，
wù jī jù wù yáo bì
勿箕踞，勿摇髀。

## 释义

不要把脚踩在门槛上，不要用一条腿支撑身体斜靠着；不要叉开两条腿坐在地上，更不要摇晃双腿。

## 故事

### 祢衡的遭遇

mí héng shì dōng hàn shí de dà cái zǐ
祢衡是东汉时的大才子，
xué shí guò rén jiù lián dāng shí de zhù míng wén
学识过人，就连当时的著名文
xué jiā kǒng róng yě hěn pèi fú tā dàn shì
学家孔融也很佩服他。但是，
mí héng yǐ zhàng zì jǐ yǒu cái huá kàn bu
祢衡倚仗自己有才华，看不
qǐ bié rén jiàn le rén hěn méi lǐ mào tā
起别人，见了人很没礼貌。他

清绣像本《三国演义》中的祢衡画像

shuō zuì zhù míng de shì kǒng wén jǔ kǒng róng zì wén jǔ qí cì jiù shì
说：“最著名的是孔文举（孔融字文举），其次就是
yáng dé zǔ jí yáng xiū dāng shí de lìng yí gè cái zǐ hòu lái yě bèi cáo cāo
杨德祖（即杨修，当时的另一个才子，后来也被曹操
shā hài qí tā rén jūn lù lù wú wéi bù zú chēng dào tā de gāo ào zuì
杀害）。其他人均碌碌无为，不足称道。”他的高傲最
zhōng yǐn lái le shā shēn zhī huò
终引来了杀身之祸。

cáo cāo wèi le kuò dà zì jǐ de shí lì xiǎng qǐng rén qù liú biǎo nà lǐ yóu
曹操为了扩大自己的实力，想请人去刘表那里游
shuì yīn cǐ kǒng róng bǎ mí héng jǔ jiàn gěi cáo cāo cáo cāo kàn tā ào màn wú
说，因此孔融把祢衡举荐给曹操。曹操看他傲慢无
lǐ suǒ yǐ bú zhòng yòng tā hòu lái yòu bǎ tā jiāo gěi liú biǎo zuì hòu bèi liú
理，所以不重用他，后来又把他交给刘表，最后被刘
biǎo de shǒu xià huáng zǔ shā diào yóu cǐ kàn lái gè rén de jiào yǎng kàn sì xiǎo
表的手下黄祖杀掉。由此看来，个人的教养看似小
shì dàn yǒu shí yě huì jué dìng yí gè rén de mìng yùn
事，但有时也会决定一个人的命运。

清末年画《击鼓骂曹》，讲述祢衡经孔融推荐来到曹操帐下，却遭冷遇，曹操命祢衡击鼓取乐，祢衡却脱衣击鼓，大骂曹操，毫无惧色的故事

原文

huǎn jiē lián wù yǒu shēng
缓揭帘，勿有声；
kuān zhuǎn wān wù chù léng
宽转弯，勿触棱。

释义

掀帘子的时候，动作要轻，尽量不弄出响声；转弯的地方，行动幅度尽量大一点，不要碰到物体的棱角，以免造成不必要的伤害。

故事

## 苏嘉折辕

清人绘《历代名臣像解》中的苏武画像

sū jiā shì xī hàn zhù míng dà chén
苏嘉是西汉著名大臣
sū wǔ de gē ge céng jīng fù zé gěi
苏武的哥哥，曾经负责给
huáng dì jià chē gěi huáng dì jià chē kě
皇帝驾车。给皇帝驾车可
bú shì yí jiàn qīng sōng de shì xū yào shí
不是一件轻松的事，需要时
shí xiǎo xīn rú guǒ chū le shì gù shì
时小心，如果出了事故，是

汉代画像石中的车马图

yào pàn sǐ zuì de
要判死罪的。
yǒu yí cì huáng dì wài chū
有一次皇帝外出，
sū jiā gěi huáng dì jià chē cóng
苏嘉给皇帝驾车，从
dū chéng cháng ān lái dào jiāo wài de
都城长安来到郊外的
xíng gōng dāng huáng dì zhèng yào
行宫。当皇帝正要
xià chē shí sū jiā yīn wèi bù xiǎo
下车时，苏嘉因为不小
xīn shǐ mǎ pǐ shòu jīng yí xià zi bǎ chē yuán zhuàng dào le mén qián de zhù zi
心，使马匹受惊，一下子把车辕撞到了门前的柱子
shang zhè xià kě chuǎng le dà huò chē yuán bèi zhé duàn huáng dì yě shòu le jīng
上。这下可闯了大祸，车辕被折断，皇帝也受了惊
xià jié guǒ sū jiā bèi pàn wéi dà bú jìng de zuì zé sū jiā zì zhī zé
吓。结果，苏嘉被判为“大不敬”的罪责。苏嘉自知责
rèn bù kě tuī xiè zì shā shēn wáng kàn lái zuò rèn hé shì qing dōu yīng gāi xiǎo
任不可推卸，自杀身亡。看来，做任何事情都应该小
xīn yí jiàn xiǎo shì rú guǒ chǔ lǐ bù hǎo yǒu shí yě huì niàng chéng dà huò
心，一件小事如果处理不好，有时也会酿成大祸。

西汉画像石中的车马出行图

## 原文

zhí xū qì, rú zhí yíng;
执虚器，如执盈；
rù xū shì, rú yǒu rén.
入虚室，如有人。

## 释义

拿着空的器具，就像拿着盛满东西的器具一样小心翼翼；走进没人的房间，就像主人在家那样谨慎，不要随便行事。

## 故事

### 不欺暗夜

qú bó yù shì chūn qiū shí wèi guó de dà
蘧伯玉是春秋时卫国的大
fū tā rén ér yǒu zhì dào dé gāo shàng
夫，他仁而有智，道德高尚，
jiǎng qiú lǐ yí bàn shì rèn zhēn yǒu yì tiān
讲求礼仪，办事认真。有一天
wǎn shang wèi líng gōng hé fū rén zài gōng li
晚上，卫灵公和夫人在宫里
xián zuò hū rán tīng dào yuǎn chù yǒu chē mǎ xíng
闲坐，忽然听到远处有车马行
jìn de shēng yīn dàn jīng guò wáng gōng mén kǒu
进的声音，但经过王宫门口

清人绘《历代名臣像解》中的蘧伯玉画像

明刻本《列女传》中关于卫灵公夫人的插图，描绘蘧伯玉从王宫门前经过，卫灵公夫人猜测肯定是蘧伯玉的场景

shí què méi le dòng jing guò le yí huì er chē mǎ shēng yòu zài yuǎn chù xiǎng le
时却没了动静。过了一会儿，车马声又在远处响了
qǐ lái àn dāng shí de lǐ yí guī dìng dà chén jīng guò guó jūn de mén kǒu yào xià
起来。按当时的礼仪规定：大臣经过国君的门口要下
chē yǐ biǎo shì gōng jìng wèi líng gōng hé fū rén cāi cè nǎ wèi chén zǐ néng
车，以表示恭敬。卫灵公和夫人猜测，哪位臣子能
rú cǐ zūn shǒu lǐ yí wèi líng gōng fū rén shuō kěn dìng shì qú bó yù tā
如此遵守礼仪？卫灵公夫人说：“肯定是蘧伯玉，他
qiān gōng yǒu lǐ duì shàng gōng jìng duì xià lǐ ràng wǒ cāi yí dìng shì tā
谦恭有礼，对上恭敬，对下礼让，我猜一定是他！”
dì èr tiān yì dǎ ting guǒ bù chū tā suǒ liào qú bó yù jué bù yīn wèi shì wǎn
第二天一打听，果不出她所料。蘧伯玉绝不因为是晚
shang méi yǒu rén kàn jiàn jiù fèi qì lǐ yí tā shǐ zhōng biǎo lǐ rú yī zhù yì
上，没有人看见就废弃礼仪，他始终表里如一，注意
gè rén xíng xiàng suǒ yǐ duō cì shòu dào kǒng zǐ de zàn yáng
个人形象，所以多次受到孔子的赞扬。

## 原文

shì wù máng，máng duō cuò，
事勿忙，忙多错，
wù wèi nán，wù qīng lüè。
勿畏难，勿轻略。

## 释义

做事情不要忙乱，忙乱时最容易出错；不要害怕困难，也不要轻率地对待看似简单的事情。

## 故事

### 坚持改错

qīng cháo kāng xī nián jiān，yǒu yí gè shào
清朝康熙年间，有一个少
nián jiào xú wén jìng，cóng xiǎo tiáo pí dǎo dàn，bù
年叫徐文靖，从小调皮捣蛋，不
jǐn mǎn zuǐ zāng huà、cū huà，hái jīng cháng hé
仅满嘴脏话、粗话，还经常和
rén dǎ jià，tóng xué men dōu bú yuàn yì hé tā
人打架，同学们都不愿意和他
jiāo péng you。hòu lái，zài lǎo shī hé fù mǔ de
交朋友。后来，在老师和父母的

清康熙五彩仕女图盘

帮助下，徐文靖决定痛改前非。

为了改变不良习惯，他想了一个办法。他找来两个小瓷瓶，准备分别储放黑豆和黄豆，每当做了好事，就在一个瓶子里放一颗黄豆；每当做了错事，就在另一个瓶子里放一颗黑豆。过一段时间，他就把两个瓶子里的豆子倒出来，通过对两种豆子数量的比较，进行检查、反省。渐渐地，黄豆多了，黑豆少了，最终他改掉了不良习惯。

清焦秉贞绘《百子团圆图》之一，描绘儿童打斗的场景

## 原文

dòu nào chǎng, jué wù jìn;
斗闹场，绝勿近；
xié pì shì, jué wù wèn
邪僻事，绝勿问。

## 释义

遇到打架闹事的场合，绝对不要靠近；凡是邪恶荒诞的事情，绝不好奇去打听。

## 故事

### 管宁割席

dōng hàn mò nián guǎn níng hé huà
东汉末年，管宁和华
xīn céng shì hǎo péng you tā men zì shì
歆曾是好朋友，他们自视
qīng gāo dàn bó míng lì yí cì
清高，淡泊名利。一次，
tā liǎ zài cài yuán li chú cǎo wā chū
他俩在菜园里锄草，挖出
yí kuài jīn zi guǎn níng kàn yě bú
一块金子。管宁看也不

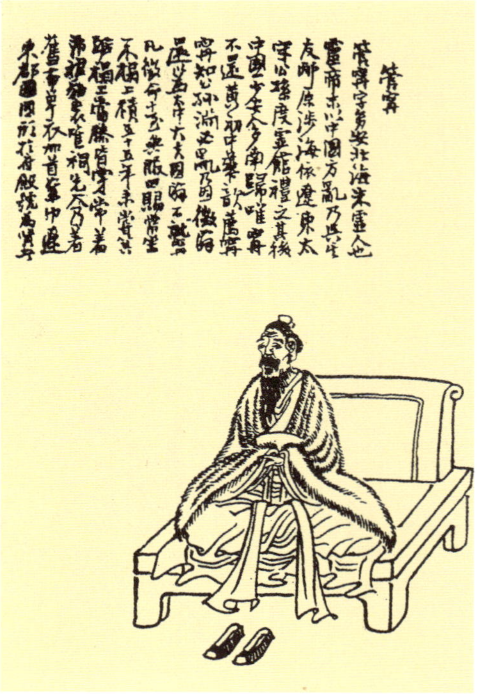
清沙英绘《高士传》中的管宁画像

kàn jì xù chú cǎo huà xīn jiǎn qǐ lái kàn le kàn rán hòu rēng dào le yì biān
看，继续锄草，华歆捡起来看了看，然后扔到了一边。

guǎn níng bù mǎn de kàn le tā yì yǎn méi yǒu fā zuò
管宁不满地看了他一眼，没有发作。

guò le bù jiǔ liǎ rén zhèng zài kàn shū yí liàng huá lì de chē zi cóng
过了不久，俩人正在看书，一辆华丽的车子从

mén qián jīng guò huà xīn rēng xià shū běn qù kàn rè nao guǎn níng shēng qì de
门前经过，华歆扔下书本去看热闹。管宁生气地

shuō róng huá fù guì shì kào zì jǐ fèn dòu dé lái de kàn bié rén yǒu shén me yòng
说：“荣华富贵是靠自己奋斗得来的，看别人有什么用？”

guǎn níng kàn bu guàn huà xīn xiàn mù fù guì hé xū róng de xíng wéi jué dìng yǐ hòu bú zài yǔ tā zài yì qǐ
管宁看不惯华歆羡慕富贵和虚荣的行为，决定以后不再与他在一起。

yú shì tā ná dāo bǎ liǎng rén gòng zuò de xí zi cóng zhōng jiān gē kāi xuān bù yǔ huà xīn duàn jiāo
于是他拿刀把两人共坐的席子从中间割开，宣布与华歆断交。

民国蔡振绅编《八德须知·廉耻》插图《管宁善化》，讲述管宁为乡里人提供汲水器具，使百姓知耻、民风和善的故事

原文

jiāng rù mén wèn shú cún
将入门，问孰存；
jiāng shàng táng shēng bì yáng
将上堂，声必扬。

释义

去别人家里，首先要问一声有没有人在家，主人允许后才能进入；走进正屋时，要大声和主人打招呼。

故事

## 程门立雪

yáng shí shì běi sòng zhù míng de xué zhě tā kǎo zhòng jìn shì hòu wèi le tí gāo xué shí fàng qì le zuò guān de jī huì bù yuǎn qiān lǐ lái dào hé nán yǐng chāng bài zhé xué jiā chéng hào wéi shī
杨时是北宋著名的学者，他考中进士后，为了提高学识，放弃了做官的机会，不远千里来到河南颍昌，拜哲学家程颢为师。

chéng hào qù shì hòu tā yòu zhuān chéng pǎo dào luò yáng bài chéng hào de dì di chéng yí wéi shī
程颢去世后，他又专程跑到洛阳，拜程颢的弟弟程颐为师，

清人绘《历代帝王圣贤名臣大儒遗像》中的杨时画像

明沈鲤辑《八行图说》插图《游杨立雪程门图》，描绘游酢、杨时恭敬地等候程颐醒来的场景

jì xù zuān yán xué wen
继续钻研学问。

yǒu yì nián dōng tiān yáng shí dú shū yù dào yí wèn yú shì biàn hé tóng xué
有一年冬天，杨时读书遇到疑问，于是便和同学
yóu zuò qián qù chéng yí jiā qǐng jiào dāng shí tiān kōng zhōng zhèng piāo zhe dà xuě
游酢前去程颐家请教。当时，天空中正飘着大雪。
dāng tā men lái dào lǎo shī jiā shí jiàn lǎo shī zuò zài yǐ zi shang shuì zháo le
当他们来到老师家时，见老师坐在椅子上睡着了。
wèi le bù yǐng xiǎng lǎo shī xiū xi tā men gōng gōng jìng jìng de zhàn zài mén qián
为了不影响老师休息，他们恭恭敬敬地站在门前
děng hòu dāng chéng yí xǐng lái shí chuāng wài de xuě yǐ jīng jī le yì chǐ hòu
等候。当程颐醒来时，窗外的雪已经积了一尺厚，
yáng shí hé yóu zuò shēn shang luò mǎn le xuě jī hū biàn chéng le xuě rén
杨时和游酢身上落满了雪，几乎变成了“雪人”。
chéng yí shēn wéi tā men chī xīn xué wen zūn jìng shī zhǎng de jīng shén suǒ dǎ dòng
程颐深为他们痴心学问、尊敬师长的精神所打动，
xì xīn de wèi tā men jiě dá le yí wèn
细心地为他们解答了疑问。

原文

rén wèn shuí duì yǐ míng

人问谁，对以名，

wú yǔ wǒ bù fēn míng

吾与我，不分明。

释义

别人询问你是谁，你应明明白白回答出自己的名字；如果只说“是吾”或“是我”，人家还是不知道你是谁。

解说

## 介绍自己

guò qù dà chén qù jiàn guó jūn huò xià jí bài jiàn shàng jí de shí hou dōu

过去，大臣去见国君或下级拜见上级的时候，都

yào zì jǐ jiào zhe zì jǐ de míng zi zhè yàng guó jūn huò shàng jí jiù qīng chu shì

要自己叫着自己的名字，这样，国君或上级就清楚是

shéi lái le zhǐ yǒu hěn yǒu wēi wàng huò zhě hé huáng dì guān xì mì qiè de rén rù

谁来了。只有很有威望或者和皇帝关系密切的人入

cháo qiú jiàn cái kě yǐ zài bài jiàn shí bù chēng zì jǐ de míng zi zhè zài guò qù

朝求见，才可以在拜见时不称自己的名字，这在过去

jiào zuò zàn bài bù míng xī hàn chéng xiàng xiāo hé jiù xiǎng yǒu zhè yí dài yù

叫作“赞拜不名”。西汉丞相萧何就享有这一待遇。

萧何在刘邦建立霸业过程中居功至伟，虽然刘邦屡次战败，但萧何始终保全关中之地，使之成为刘邦可靠的后方基地。汉军攻占咸阳后，诸将都忙于争夺金银财宝，萧何却忙着接收秦丞相、御史府所藏律令、图书，帮助刘邦尽快掌握全国的户口和民情，为日后制定政策和取得楚汉战争的胜利奠定了坚实基础。因此，在汉初论功行赏时，刘邦让萧何位列“元功十八人位次”第一名，并让他享有带剑上朝、“入朝不趋（低头碎步走）”和“赞拜不名”的特权。

明刘俊绘《汉殿论功图》，反映汉初论功行赏的场景，从中也能看出古代等级尊卑的情况

今天虽然上下级等级不那么森严了，但是在拜见别人时还是要清楚地介绍自己，这样人家最起码会对你有一个初步的了解，以便进一步交往。

## 原文

yòng rén wù xū míng qiú
用人物，须明求，
tǎng bú wèn jí wéi tōu
倘不问，即为偷。

## 释义

使用别人的东西，要当面向人家提出请求；如果不声不响地使用别人的东西，那无疑就等同于偷窃。

## 故事

### 查道的信义

běi sòng shí yǒu yí gè jiào zhā dào de rén wéi rén chéng shí hòu dao yǒu yì tiān tā hé pú rén tiāo zhe lǐ wù qù kàn yuǎn fāng de qīn qi dào le zhōng wǔ tā hé pú rén dōu è le lù shang zhǎo bu dào
北宋时，有一个叫查道的人，为人诚实厚道。有一天，他和仆人挑着礼物去看远方的亲戚。到了中午，他和仆人都饿了，路上找不到

民国蔡振绅编《八德须知·廉耻》插图《查道博施》，讲述查道广施爱心，救济贫困友人的故事

明仇英绘《清明上河图》(局部)，描绘北宋京城汴梁的繁华景象

chī fàn de dì fang yòu méi yǒu dài wǔ fàn zěn me bàn ne pú rén jiàn yì cóng
吃饭的地方，又没有带午饭，怎么办呢？仆人建议从
sòng rén de lǐ wù zhōng ná xiē shí wù chī zhā dào shuō zhè zěn me xíng ne
送人的礼物中拿些食物吃。查道说：“这怎么行呢？
zhè xiē lǐ wù jì rán yào sòng rén jiù shì rén jia de dōng xi le wǒ men zěn me
这些礼物既然要送人，就是人家的东西了。我们怎么
néng tōu chī ne jié guǒ liǎng gè rén zhǐ hǎo è zhe dù zi gǎn lù zǒu zhe
能偷吃呢！”结果，两个人只好饿着肚子赶路。走着
zǒu zhe lù páng chū xiàn le yí gè zǎo yuán zǎo shù shang guà mǎn le shú tòu de zǎo
走着，路旁出现了一个枣园，枣树上挂满了熟透的枣
zi zhā dào hé pú rén jī è nán nài biàn tíng xià lái zhāi le yì xiē zǎo zi chī
子。查道和仆人饥饿难耐，便停下来摘了一些枣子吃。
chī wán hòu zhā dào ná chū yí chuàn qián guà zài shù shang pú rén bù míng bai
吃完后，查道拿出一串钱，挂在树上。仆人不明白
tā wèi shén me zhè yàng zuò zhā dào jiě shì shuō chī le rén jia de zǎo zi jiù
他为什么这样做，查道解释说：“吃了人家的枣子，就
yīng gāi gěi qián jí shǐ zhǔ rén bú zài zhā dào zhè zhǒng jiǎng qiú xìn yì de jīng
应该给钱，即使主人不在。”查道这种讲求信义的精
shén hěn zhí dé wǒ men xué xí
神，很值得我们学习。

原文

jiè rén wù， jí shí huán；
借人物，及时还；
rén jiè wù， yǒu wù qiān。
人借物，有勿悭。

释义

借了别人的东西，要按约定及时归还；别人向你借东西，如果有，就不要小气不借。

故事

## 宋濂借书

清人绘《历代名臣像解》中的宋濂画像

宋濂是元末明初的著名学者，从小就喜欢读书，但家里很穷，根本买不起书。宋濂为了学习知识，常常向人家借书读。虽然许多富

yǒu rén jiā de cáng shū hěn duō dàn shì dōu bú yuàn yì jiè gěi tā yǒu yí cì
有人家的藏书很多，但是都不愿意借给他。有一次，
sòng lián yòu dào yí fù hù jiā jiè shū kàn zhè jiā rén bú yuàn yì jiè gěi tā suǒ
宋濂又到一富户家借书看，这家人不愿意借给他，所
yǐ jiè de shí hou jiǎng míng shí tiān zhī nèi yào huán huí lái kě shí tiān gēn běn jiù dú
以借的时候讲明十天之内要还回来，可十天根本就读
bu wán nà běn shū dào le dì shí tiān zǎo chen tiān xià zhe dà xuě nà jiā rén
不完那本书。到了第十天早晨，天下着大雪，那家人
yǐ wéi sòng lián bú huì lái huán shū le kě shì sòng lián què mào xuě bǎ shū sòng le
以为宋濂不会来还书了，可是宋濂却冒雪把书送了
huí lái zhǔ rén hěn gǎn dòng tā gào su sòng lián yǐ hòu kě yǐ suí shí lái kàn
回来。主人很感动，他告诉宋濂，以后可以随时来看
shū bú zài gěi tā xiàn dìng jiè shū shí jiān le
书，不再给他限定借书时间了。

zhèng shì yīn wèi sòng lián shǒu xìn yòng jiè shū àn shí guī huán suǒ yǐ dà jiā dōu yuàn yì bǎ shū jiè gěi tā tōng guò xiàng bié rén jiè yuè chāo xiě sòng lián xué wen dà yǒu zhǎng jìn bèi yù wéi míng chū dì yī wén chén shēn dé míng tài zǔ zhū yuán zhāng xìn rèn bìng fèng mìng zhǔ chí le yuán shǐ de biān zuǎn gōng zuò
正是因为宋濂守信用，借书按时归还，所以大家都愿意把书借给他。通过向别人借阅、抄写，宋濂学问大有长进，被誉为“明初第一文臣”，深得明太祖朱元璋信任，并奉命主持了《元史》的编纂工作。

明宫廷画师绘朱元璋画像

## 原文

fán chū yán，xìn wéi xiān，
凡出言，信为先，
zhà yǔ wàng，xī kě yān？
诈与妄，奚可焉？

## 释义

说话最要紧的是诚实讲信用；说谎话，讲胡话，那怎么可以呢？

## 故事

### 立木为信

清绣像本《东周列国志》中的商鞅画像

qín guó zhī suǒ yǐ cóng xī fāng de
秦国之所以从西方的
yí gè xiǎo guó zuì zhōng chéng wéi tūn
一个小国，最终成为吞
bìng gè zhū hóu guó de dà guó，shǒu xiān
并各诸侯国的大国，首先
yīng dāng guī gōng yú shāng yāng de biàn fǎ
应当归功于商鞅的变法。
shāng yāng kāi shǐ biàn fǎ qián，shēn zhī qí
商鞅开始变法前，深知其
zhōng de nán chù，wèi le ràng rén men xiāng
中的难处，为了让人们相

信自己，他派人在都城的南门立了一根三丈长的木杆，并说谁能把它扛到北门，就赏十金，结果没人敢动。后来，商鞅又把赏金提高到五十金，一个人禁不住诱惑，把木杆扛到北门，他果然得到了五十金。

此事轰动了全国，谁都知道商鞅说话算数，当新法颁布后，很顺利地就推行开了。商鞅变法使秦国走向富强，一跃成为战国七雄中实力最强的国家，为秦始皇统一中国奠定了坚实的物质基础。

清绣像本《东周列国志》插图《说秦君卫鞅变法》，讲述商鞅南门立木取信于民的故事

## 原文

huà shuō duō bù rú shǎo
话说多，不如少，
wéi qí shì wù nìng qiǎo
惟其是，勿佞巧。

## 释义

多说话不如少说话，说话一定要在理；千万不要花言巧语，否则人家就会讨厌你。

## 故事

### 妙语救人

清绣像本《三国演义》中的诸葛瑾画像

zhū gě jǐn shì sān guó shí sūn quán shǒu
诸葛瑾是三国时孙权手
xià de dà chén wéi rén zhōng hòu dé xíng
下的大臣，为人忠厚，德行
chún dǔ shēn dé sūn quán xìn rèn zhū gě
纯笃，深得孙权信任。诸葛
jǐn píng shí huà bù duō dàn cháng cháng zài
瑾平时话不多，但常常在
jǐn yào guān tóu jǐ jù huà jiù néng jiě jué
紧要关头，几句话就能解决

问题。

有一次，校尉殷模被孙权误解，要被杀头，大臣们都向孙权求情。人们越说，孙权越生气，这样僵持了很久。当时只有诸葛瑾一言不发，孙权感到很奇怪，就问他：“为什么子瑜（诸葛瑾字子瑜）不说话？”诸葛瑾说：“我与殷模的家乡遭遇战乱，所以才来投奔陛下。现在殷模不思进取，辜负了您，还求什么宽恕呢？”短短几句话，孙权就感到殷模不远千里来投奔自己，即使有什么过错也应该原谅，于是赦免了殷模。

唐阎立本绘《历代帝王图》中的孙权画像

原文

kè bó yǔ， huì wū cí，
刻薄语，秽污词，
shì jǐng qì， qiè jiè zhī。
市井气，切戒之。

释义

刻薄挖苦的话，下流肮脏的话，粗俗的市侩习气，千万要杜绝戒除。

故事

## 说话的艺术

zhàn guó shí， yǒu yí gè jiào fú zǐ de rén， yán tán jǔ zhǐ tè bié jiǎng jiu lǐ mào。
战国时，有一个叫服子的人，言谈举止特别讲究礼貌。
yǒu yì tiān， tā qù bài fǎng yí wèi péng you， nà jiā rén fēi cháng hào kè， tā men pà fú zǐ gū dān， biàn yāo qǐng le xǔ duō péng you péi tā yì qǐ yóu wán。
有一天，他去拜访一位朋友，那家人非常好客，他们怕服子孤单，便邀请了许多朋友陪他一起游玩。

战国青铜六山羽翅花叶镜

yǒu yí wèi kè rén chèn jī xiàng fú zǐ qǐng jiào wèn tí qǐng jiào zhī hòu yòu
有一位客人趁机向服子请教问题，请教之后又
yào fú zǐ zhǐ chū tā de quē diǎn fú zǐ hěn zhí shuài de shuō nǐ yǒu jǐ gè bù
要服子指出他的缺点。服子很直率地说：“你有几个不
zú zhī chù kè rén yí lèng shuō qǐng jiǎng fú zǐ shuō shù wǒ zhí
足之处。”客人一愣，说：“请讲。”服子说：“恕我直
yán shǒu xiān nǐ yí jiàn wǒ jiù xī xī hā hā de zhè shì yì zhǒng qīng fú de biǎo
言，首先你一见我就嘻嘻哈哈的，这是一种轻浮的表
xiàn qí cì jiāo tán zhōng nǐ bù chēng wǒ wéi lǎo shī shì bú gòu zūn jìng wǒ
现；其次，交谈中你不称我为老师，是不够尊敬我；
zài zhě wǒ men jiāo qing hěn qiǎn ér nǐ què hé wǒ tán lùn hěn yǐn sī de huà tí
再者，我们交情很浅，而你却和我谈论很隐私的话题，
zhè tài suí biàn le cóng fú zǐ gěi zhè ge rén tí de yì jiàn zhōng wǒ men kě yǐ
这太随便了。”从服子给这个人提的意见中我们可以
kàn dào yǔ rén jiāo tán shuō huà shì yào jiǎng jiu fāng shì de guò yú suí biàn
看到，与人交谈说话，是要讲究方式的；过于随便，
huì gěi rén liú xià bù hǎo de yìn xiàng
会给人留下不好的印象。

南宋刘松年（传）绘《文会图》，描绘古代文人聚会的场景

原文

jiàn wèi zhēn, wù qīng yán;
见未真，勿轻言；
zhī wèi dí, wù qīng chuán
知未的，勿轻传。

释义

看到的事情没有弄清楚，不要随便乱说；听到的事情没有根据，不要随便乱传。

故事

## 直不疑辟谣

zhí bù yí shì xī hàn shí nán yáng rén wéi rén hào xué bù tú míng lì
直不疑是西汉时南阳人，为人好学，不图名利，

明仇英绘《汉宫春晓图》（局部），描绘汉代宫庭的奢华生活

明刻本《新锲重订补遗音释大字日记故事大成》插图《诬金不辩》，讲述西汉直不疑性情恬淡，虽遭人误解，却不与争辩的故事

shì wèi zhōng hòu zhī rén hòu lái zhí bù yí bèi cháo tíng rèn mìng wéi gāo guān
是位忠厚之人。后来，直不疑被朝廷任命为高官，
yǒu rén jí dù tā jiù fěi bàng tā shuō zhí bù yí xiàng mào suī hǎo dàn pǐn xíng
有人嫉妒他，就诽谤他说：“直不疑相貌虽好，但品行
bù duān yǔ tā de sǎo zi yǒu bú zhèng dàng guān xì xǔ duō rén tīng shuō hòu
不端，与他的嫂子有不正当关系。”许多人听说后，
dōu zhè yàng chuán kāi le hòu lái zhí bù yí shuō tā men zhēn shì yí pài hú yán
都这样传开了。后来直不疑说：“他们真是一派胡言，
wǒ gēn běn jiù méi yǒu gē ge kě jiàn zhè shì yáo yán xiàn shí shēng huó zhōng
我根本就没有哥哥。”可见这是谣言。现实生活中，
wǎng wǎng huì yǒu gè zhǒng qí guài de yáo yán liú chuán yǒu de shì yǐ é chuán é
往往会有各种奇怪的谣言流传，有的是以讹传讹，
yǒu de shì è yì zào yáo tā men dōu huì duì wǒ men de shēng huó hé xué xí dài lái
有的是恶意造谣，它们都会对我们的生活和学习带来
yí dìng de yǐng xiǎng yóu cǐ kàn lái yù dào shì qing rú guǒ méi yǒu gēn jù
一定的影响。由此看来，遇到事情，如果没有根据，
jiù bú yào qīng yì de luàn jiǎng yě bú yào qīng xìn yīng gāi xué huì fēn xī fǎn
就不要轻易地乱讲，也不要轻信。应该学会分析，反
fù sī kǎo yǐ zhēn zhī zhuó jiàn shǐ yáo yán zhǐ yú zhì zhě
复思考，以真知灼见使“谣言止于智者”。

原文

shì fēi yí，wù qīng nuò，
事非宜，勿轻诺，
gǒu qīng nuò，jìn tuì cuò。
苟轻诺，进退错。

释义

别人要你做的事如果不大妥当，不要随便答应；如果信口答应了，不论做还是不做，都是你的错。

开凿于北魏时期的云冈石窟大佛

故事

## 信守诺言

běi wèi shí yǒu yí gè jiào zhào róu de rén yīn xué shí yuān bó pǐn dé
北魏时，有一个叫赵柔的人，因学识渊博、品德
gāo shàng ér wén míng yú shì yǒu yí cì zhào róu hé ér zi yì qǐ dào jí shì
高尚而闻名于世。有一次，赵柔和儿子一起到集市
shang mài lí yí gè rén zhǔn bèi chū èr shí pǐ juàn mǎi xià lí shuāng fāng tán hǎo
上卖梨，一个人准备出二十匹绢买下梨。双方谈好
jià qián hòu nà ge rén huí jiā qǔ juàn qù le zhè shí yòu lái le yí gè shāng
价钱后，那个人回家取绢去了。这时，又来了一个商
rén kàn dào zhào róu de lí zhì
人，看到赵柔的梨质
liàng hǎo lì jí yào chū sān shí
量好，立即要出三十
pǐ juàn mǎi xià ér zi jiàn zhè ge
匹绢买下。儿子见这个
shāng rén chū de jià qián gāo jiù
商人出的价钱高，就
xiǎng mài gěi tā zhào róu duì ér
想卖给他。赵柔对儿
zi shuō shuō huà yào suàn shù
子说："说话要算数，
zěn me néng yīn wèi yǒu lì kě tú ér
怎么能因为有利可图而
fàng qì xìn yòng ne hòu lái
放弃信用呢？"后来，
dì yī gè mǎi zhǔ lái le zhào róu
第一个买主来了，赵柔
fù zǐ àn xiān qián shuō hǎo de jià
父子按先前说好的价
qián bǎ lí mài gěi le tā
钱，把梨卖给了他。

民国蔡振绅编《八德须知·忠信》插图《赵柔一言》，讲述赵柔恩信慈惠，将捡到的金珠奉还失主，同时信守承诺的故事

## 原文

fán dào zì，zhòng qiě shū，
凡道字，重且舒，
wù jí jí，wù mó hu。
勿急疾，勿模糊。

## 释义

说话时，咬字要准，发音要重，速度要慢；不要急急忙忙，含混不清，让人家听不明白。

## 故事

### 裴秀学礼

péi xiù shì xī jìn shí zhù míng de dì lǐ xué jiā，huì zhì le lì shǐ dì tú《yǔ gòng dì yù tú》、jìn dì tú《dì xíng fāng zhàng tú》，bìng zǒng jié qián rén zhì tú jīng yàn，tí chū huì zhì

裴秀是西晋时著名的地理学家，绘制了历史地图《禹贡地域图》、晋地图《地形方丈图》，并总结前人制图经验，提出绘制

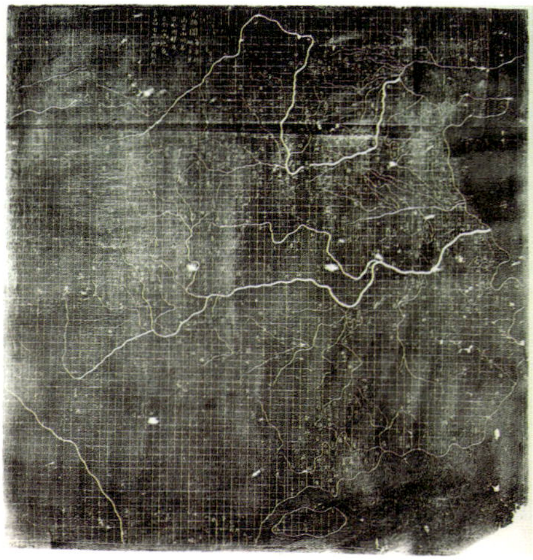
宋代刻于西安碑林中的《禹贡图》，裴秀曾主持《禹贡地域图》的编纂工作

dì tú de lǐ lùn zhì tú liù tǐ jí dì tú huì zhì shang de bǐ lì chǐ
地图的理论“制图六体”（即地图绘制上的比例尺、
fāng wèi jù lí děng yuán zé wèi zhōng guó dì lǐ xué de fā zhǎn zuò chū le
方位、距离等原则），为中国地理学的发展做出了
gòng xiàn
贡献。

péi xiù cóng xiǎo jiù qín fèn xué xí cóng bú fàng guò rèn hé yí gè jī huì
裴秀从小就勤奋学习，从不放过任何一个机会。
yóu yú chū shēn yú guān liáo guì zú jiā tíng péi xiù jiā zhōng cháng cháng yǒu kè rén
由于出身于官僚贵族家庭，裴秀家中常常有客人
lái fǎng jiā zhōng měi cì yàn qǐng kè rén shí mǔ qīn zǒng shì ràng tā duān fàn sòng
来访。家中每次宴请客人时，母亲总是让他端饭送
cài zhāo dài kè rén péi xiù bǎ zhāo dài kè rén yě dàng chéng yí gè xué xí de
菜，招待客人。裴秀把招待客人也当成一个学习的
jī huì zài zhāo dài kè rén guò chéng zhōng zǒng shì tài dù hé ǎi jǔ zhǐ yǒu
机会，在招待客人过程中，总是态度和蔼，举止有
lǐ jiè jī hé kè rén jiāo tán jǐ jù kè rén men jiàn tā rú cǐ xū xīn dǒng
礼，借机和客人交谈几句。客人们见他如此虚心懂
lǐ yě dōu hěn xǐ huan tā yóu yú péi xiù tán tǔ yōu yǎ dài rén yǒu lǐ
礼，也都很喜欢他。由于裴秀谈吐优雅，待人有礼，
suǒ yǐ tā de míng shēng hěn kuài jiù chuán kāi le
所以他的名声很快就传开了。

甘肃嘉峪关魏晋壁画墓出土的“烫鸡图”壁画砖

原文

bǐ shuō cháng, cǐ shuō duǎn,
彼说长，此说短，

bù guān jǐ, mò xián guǎn.
不关己，莫闲管。

释义

东家说长，西家说短，别人的事情很难说清楚；与自己无关的事情，不要去多管。

故事

## 三年不窥园

dǒng zhòng shū shì xī hàn zhé xué jiā, jīn wén jīng xué de chuàng shǐ zhě. tā tí chū de "bà chù bǎi jiā, dú zūn rú shù" wéi hàn wǔ dì suǒ cǎi nà, què lì le rú jiā zài cǐ hòu liǎng qiān yú nián de fēng jiàn shè huì zhōng de zhèng tǒng dì wèi.

董仲舒是西汉哲学家，今文经学的创始者。他提出的“罢黜百家，独尊儒术”为汉武帝所采纳，确立了儒家在此后两千余年的封建社会中的正统地位。

清人绘《历代帝王圣贤名臣大儒遗像》中的董仲舒画像

jù shǐ shū jì zǎi dǒng zhòng shū zhì xué fēi cháng qín fèn wèi le qián
据史书记载，董仲舒治学非常勤奋，为了潜
xīn xué xí zhěng tiān zuān zài shū fáng li shén me shì qing yě bú guò wèn
心学习，整天钻在书房里，什么事情也不过问，
chī de chuān de yě bù jiǎng jiu jù shuō zài tā jiā páng biān yǒu yí gè cài
吃的、穿的也不讲究。据说在他家旁边有一个菜
yuán yóu yú xué xí guò yú rèn zhēn dǒng zhòng shū zài sān nián de shí jiān li
园，由于学习过于认真，董仲舒在三年的时间里，
jìng méi yǒu tà jìn guo nà ge cài yuán yí bù suǒ yǐ hòu rén shuō tā bù kuī
竟没有踏进过那个菜园一步，所以后人说他“不窥
yuán zhōng cài bù guǎn chái mǐ yán dǒng zhòng shū zhī suǒ yǐ chéng wéi zhù
园中菜，不管柴米盐”。董仲舒之所以成为著
míng de zhé xué jiā hé
名的哲学家，和
tā zhuān xīn xué xí bù
他专心学习、不
wéi zá shì suǒ lěi de jīng
为杂事所累的精
shén shì fēn bu kāi de
神是分不开的。
suǒ yǐ zài rì cháng
所以，在日常
shēng huó zhōng wǒ men
生活中，我们
zhòng diǎn yào zuò hǎo zì jǐ
重点要做好自己
de shì qing bú yào zhěng
的事情，不要整
tiān dōng jiā cháng xī jiā
天东家长西家
duǎn de bān nòng shì fēi
短地搬弄是非，
fǒu zé yú rén yú jǐ dōu
否则于人于己都
méi yǒu hǎo chù
没有好处。

清梁延年编《圣谕像解》插图《首尊圣统》，讲述董仲舒的建议被汉武帝采纳，最终使儒家取得独尊地位的故事

原文

jiàn rén shàn jí sī qí
见人善，即思齐，
zòng qù yuǎn yǐ jiàn jī
纵去远，以渐跻。

释义

看到别人有好的品质，就要向他看齐；哪怕同他相差很远，只要坚持努力，总会慢慢赶上他的。

故事

## 兄弟学贤

dōng jìn shí yǒu xiōng dì liǎ
东晋时，有兄弟俩，
yí gè jiào sūn qián yí gè jiào sūn fàng
一个叫孙潜，一个叫孙放，
liǎng rén dōu shì jī mǐn cōng huì qín fèn
两人都是机敏聪慧、勤奋
hào xué de rén tā men shí kè xiǎng zhe
好学的人。他们时刻想着
xué xí bié rén de shàn xíng zhè kě yǐ
学习别人的善行，这可以

清任伯年绘《洗耳图》，描绘许由拒绝尧帝的出仕邀请，隐居箕山，与朋友巢父对话的场景

元刘贯道绘庄周《梦蝶图》

cóng tā men de míng zi zhōng kàn chū lái gē ge sūn qián zì qí yóu wèi shén
从他们的名字中看出来。哥哥孙潜，字齐由。为什
me jiào qí yóu ne yuán lái zài gǔ dài yǒu yí gè jiào xǔ yóu de xián shì yáo dì
么叫齐由呢？原来在古代有一个叫许由的贤士，尧帝
yào bǎ zì jǐ de dì wèi ràng gěi tā tā gǎn dào cái qiǎn dé bó tuī cí diào le
要把自己的帝位让给他，他感到才浅德薄，推辞掉了。
sūn qián jué de yīng xiàng zhè zhǒng qiān ràng jǐn shèn de jīng shén kàn qí dì di sūn
孙潜觉得应向这种谦让谨慎的精神看齐。弟弟孙
fàng zì qí zhuāng wǒ men zhī dào zhuāng zǐ shì gǔ dài de sī xiǎng jiā wén
放，字齐庄。我们知道，庄子是古代的思想家、文
xué jiā chàng dǎo ān shí chǔ shùn xiāo yáo zì lè de sī xiǎng sūn fàng jué de zì
学家，倡导安时处顺、逍遥自乐的思想。孙放觉得自
jǐ yīng gāi xiàng zhuāng zǐ kàn qí sūn qián liǎng xiōng dì zhè zhǒng xiàng xián zhě xué xí
己应该向庄子看齐。孙潜两兄弟这种向贤者学习
de jīng shén shì zhí dé wǒ men tí chàng de
的精神，是值得我们提倡的。

## 原文

jiàn rén è jí nèi xǐng
见人恶，即内省，
yǒu zé gǎi wú jiā jǐng
有则改，无加警。

## 释义

看到别人有不好的行为，就要自我反省；如果自己有错，就应加以改正，没有的话，也要引起警惕。

## 故事

### 曾子自省

zēng zǐ shì kǒng zǐ de xué shēng míng jiào
曾子是孔子的学生，名叫
zēng shēn shì gè fēi cháng zhù zhòng dào dé xiū yǎng
曾参，是个非常注重道德修养
de rén céng tí chū wú rì sān xǐng wú shēn
的人，曾提出“吾日三省吾身”
de xiū shēn yǎng xìng fāng fǎ yí guàn fèng xíng zhōng
的修身养性方法，一贯奉行忠
xiào zhī dào bìng yǐ xiào dào zhù chēng yú shì
孝之道，并以孝道著称于世。

清殿藏本曾参画像

měi tiān wǎn shang xiū xi zhī qián zēng shēn
每天晚上休息之前，曾参

总是对自己一天的所作所为进行反思：我这一天到底做了什么有意义的事情，做了什么没有意义的事情，做错事情了吗？给人做事是不是尽心尽力了？要学习的东西都掌握了吗？他的这种勤于反思，时时注意加强自身修养的精神是令人钦佩的。

今天，我们也要继续发扬这种自我反省的精神，不仅是自己的事情，就是见到别人做事时，也要留心学习观察，处处总结经验教训。

明仇英绘《纯孝图册》之一，讲述曾参孝顺母亲的故事

原文

wéi dé xué wéi cái yì
惟德学，惟才艺，
bù rú rén dāng zì lì
不如人，当自励。

释义

做人最要紧的是品德、学问、才能、技艺，这些方面比不上人家，就要不断勉励自己，努力追赶。

故事

## 三人行必有我师

明佚名绘《孔子为鲁司寇像》

dà jiào yù jiā kǒng zǐ shì gè shàn yú
大教育家孔子是个善于
xué xí de rén tā qín sī hào xué bù chǐ
学习的人，他勤思好学，不耻
xià wèn yǒu yí cì kǒng zǐ hé xué shēng
下问。有一次，孔子和学生
men zhèng zài gǎn lù hū rán yí gè xiǎo hái
们正在赶路，忽然一个小孩
er dǎng zhù le tā men de qù lù yuán lái
儿挡住了他们的去路。原来，

zhè ge hái zi zhèng zài lù shang yòng zhuān wǎ shí kuài lěi yí zuò chéng chí ne kǒng
这个孩子正在路上用砖瓦石块垒一座城池呢。孔
zǐ jiào nà ge xiǎo hái er ràng lù ér xiǎo hái er què shuō zhè shì shàng zhǐ yǒu
子叫那个小孩儿让路，而小孩儿却说：“这世上只有
chē rào chéng ér guò de hái méi yǒu bǎ chéng chí chāi le gěi chē ràng lù de kǒng
车绕城而过的，还没有把城池拆了给车让路的。”孔
zǐ xiǎng què shí bù néng bǎ zhè hái zi bǎi de chéng chí dàng chéng wán jù wǒ zhè
子想：“确实不能把这孩子摆的城池当成玩具。我这
yàng xiǎng kě hái zi bú zhè yàng xiǎng a wǒ chàng dǎo lǐ yí méi xiǎng dào
样想，可孩子不这样想啊！我倡导礼仪，没想到
ràng hái zi gěi wèn zhù le kǒng zǐ shí fēn gǎn kǎi de duì xué shēng men shuō sān
让孩子给问住了。”孔子十分感慨地对学生们说：“三
rén xíng bì yǒu wǒ shī zhè hái zi suī xiǎo què dǒng lǐ yí kě yǐ zuò wǒ de
人行必有我师！这孩子虽小，却懂礼仪，可以做我的
lǎo shī le
老师了。”

天津杨柳青年画《孔子问答》，描绘孔子在项橐垒的城前与他对话的场景

## 原文

ruò yī fú ruò yǐn shí
若衣服，若饮食，
bù rú rén wù shēng qī
不如人，勿生戚。

## 释义

穿的、吃的不如人家，不是什么不光彩的事情，不要因此而自卑难过。

## 故事

### 阮咸晒衣

ruǎn xián shì xī jìn zhù míng wén xué jiā nián qīng de shí hou jiā li bìng bú fù yù chī de chuān de hěn píng cháng kě shì tā zài yǒu qián rén miàn qián tài rán zì ruò yì diǎn
阮咸是西晋著名文学家，年轻的时候家里并不富裕，吃的、穿的很平常，可是他在有钱人面前泰然自若，一点

清殿藏本阮咸画像

er yě bú zì bēi　dāng shí yǒu gè fēng sú　jiù shì měi nián liù yuè chū liù　gè
儿也不自卑。当时有个风俗，就是每年六月初六，各
jiā dōu yào bǎ zì jiā de xiāng zi dǎ kāi　bǎ xiāng zi zhōng de yī fu ná dào tài
家都要把自家的箱子打开，把箱子中的衣服拿到太
yáng xià miàn liàng shài　jù shuō zhè yàng yī fu bú huì bèi chóng zi zhù
阳下面晾晒，据说这样衣服不会被虫子蛀。

zhè yì tiān　xǔ duō rén jiā dōu zài shài yī fu　ruǎn xián yě bǎ zì jǐ de
这一天，许多人家都在晒衣服，阮咸也把自己的
yī fu ná chū lái liàng shài　xǔ duō rén jiàn ruǎn xián liàng shài zì jǐ de jiù yī fu
衣服拿出来晾晒。许多人见阮咸晾晒自己的旧衣服，
dōu lái guān kàn　dàn ruǎn xián yì diǎn er yě bú zài yì　tā rèn wéi fù guì bú shì
都来观看。但阮咸一点儿也不在意，他认为富贵不是
kě yǐ kuā yào de zī běn　pín hán yě bú shì chǐ rǔ　rén huó zhe guān jiàn yào kàn
可以夸耀的资本，贫寒也不是耻辱，人活着关键要看
tā de dé xíng hé xué shí
他的德行和学识。

天津杨柳青年画《竹林七贤》，前排坐着下棋者为阮咸

## 原文

wén guò nù，wén yù lè，
闻过怒，闻誉乐，
sǔn yǒu lái，yì yǒu què。
损友来，益友却。

## 释义

如果听别人说你的缺点就生气，听别人说你的好话就高兴，那么，坏朋友就会接近你，而有益的朋友就离你远去了。

## 故事

### 魏徵直谏

清殿藏本魏徵画像

wèi zhēng shì táng chū de yí wèi míng
魏徵是唐初的一位名
chén　yǐ gǎn yán zhí jiàn zhù chēng　yǒu yí
臣，以敢言直谏著称。有一
cì　táng tài zōng lǐ shì mín tuì cháo hòu　nù
次，唐太宗李世民退朝后，怒
qì chōng chōng de duì huáng hòu zhǎng sūn shì
气冲冲地对皇后长孙氏
shuō　zǒng yǒu yì tiān　wǒ huì shā diào zhè
说：“总有一天，我会杀掉这

ge zhuāng jia lǎo zhǎng sūn huáng hòu wèn tā zài shēng shéi de qì lǐ shì mín qì
个庄稼佬！”长孙皇后问他在生谁的气，李世民气
fèn de shuō hái bú shì nà ge wèi zhēng tā jīng cháng zài cháo tíng shang zhǐ zé wǒ
愤地说：“还不是那个魏徵！他经常在朝廷上指责我
de bú shi hái dāng miàn dǐng zhuàng wǒ qì sǐ wǒ le zhǎng sūn huáng hòu tīng
的不是，还当面顶撞我，气死我了。”长孙皇后听
hòu yì shēng méi kēng huí dào nèi shì huàn le yí tào cháo jiàn de lǐ fú guì xià
后，一声没吭，回到内室换了一套朝见的礼服，跪下
xiàng lǐ shì mín dào hè zhè shì bì xià de fú qi wǒ tīng shuō yīng míng de tiān
向李世民道贺：“这是陛下的福气，我听说英明的天
zǐ cái yǒu zhèng zhí de dà chén
子才有正直的大臣，
xiàn zài wèi zhēng zhí yán gǎn jiàn
现在魏徵直言敢谏，
zhèng shuō míng bì xià yīng míng
正说明陛下英明，
wǒ zěn néng bú xiàng bì xià zhù
我怎能不向陛下祝
hè ne lǐ shì mín tīng hòu
贺呢？”李世民听后，
nù qì zhú jiàn xiāo le
怒气逐渐消了。

huò xǔ zhèng shì yóu yú
或许正是由于
wèi zhēng de zhí yán gǎn jiàn
魏徵的直言敢谏，
táng tài zōng de xū xīn nà jiàn
唐太宗的虚心纳谏，
zài jiā shàng zhǎng sūn huáng hòu
再加上长孙皇后
de xián míng cái yǒu le táng
的贤明，才有了唐
cháo shèng shì shí qī de zhēn
朝盛世时期的“贞
guàn zhī zhì
观之治”。

清沈振麟绘《帝鉴图说》之《主明臣直》（局部），描绘长孙皇后身穿朝服，祝贺唐太宗得到魏徵这样直言进谏之臣的场景

## 原文

wén yù kǒng　　wén guò xīn
闻誉恐，闻过欣，
zhí liàng shì　　jiàn xiāng qīn
直谅士，渐相亲。

## 释义

如果听到好话就惶恐不安，听到别人指出缺点就感到高兴，那么，正直诚实的朋友就会越来越亲近你。

## 故事

### 拒绝奉承

sòng jǐng shì táng cháo wǔ zé tiān shí qī de zhù míng dà chén　rèn zǎi xiàng shí zhǔ zhāng jiǎn qīng fù yì　shǎo yòng xíng fá　jǔ xián rèn néng　tóng shí yòu yǐ gāng zhèng bù ē zhù chēng
宋璟是唐朝武则天时期的著名大臣，任宰相时主张减轻赋役，少用刑罚，举贤任能，同时又以刚正不阿著称。

yǒu yì tiān　yí gè rén zhuǎn jiāo gěi
有一天，一个人转交给

佚名绘《先贤画像》中的宋璟画像

宋璟一篇文章，并对他说："写文章的人很有才学。"宋璟是个爱才之人，马上就读起这篇文章来，开始时他一边读一边赞叹："不错，真是不错！此人才学出众，应该重用。"可是读着读着，宋璟的眉头皱了起来，原来这个人为巴结宋璟，在文章中对他大加吹捧，这让宋璟很生气。后来，宋璟对送文章的人说："这个人的文章不错，但品行不端，想靠巴结来升官，重用他对国家没有好处。"因此就没有推荐这个人做官。宋璟在位时，选拔了很多人才，都使大家很满意。

明焦竑撰《养正图解》插图《观图自警》，讲述宋璟将《尚书·无逸》写在墙上，唐玄宗认真观看，自我警示的故事

## 原文

wú xīn fēi， míng wéi cuò
无心非，名为错；
yǒu xīn fēi， míng wéi è
有心非，名为恶。

## 释义

无意中做了不好的事情就叫“错”，存心做不好的事情就叫“恶”。

## 故事

### 割发代罚

明人绘魏太祖曹操画像

sān guó shí， yǒu yí cì cáo cāo
三国时，有一次曹操
shuài lǐng jūn duì qù dǎ zhàng。 chū fā
率领军队去打仗。出发
qián， tā jǐng gào jiàng shì， bú yào huǐ
前，他警告将士，不要毁
huài mài tián， rú guǒ yǒu rén wéi fǎn guī
坏麦田，如果有人违反规
dìng， yí dìng huì yán jiā chǔ fá。 duì
定，一定会严加处罚。队

清末年画《新绘三国志前本曹兵百万下江南》，描绘曹操南征，与孙、刘联军之间发生的重大事件

wu zhèng zài tián jiān de lù shang xíng jìn hū rán yì qún xiǎo niǎo cóng mài tián zhōng fēi
伍正在田间的路上行进，忽然一群小鸟从麦田中飞
chū lái cáo cāo de zhàn mǎ shòu jīng chōng xiàng mài tián tà huài le yí dà piàn
出来，曹操的战马受惊，冲向麦田，踏坏了一大片
mài zi cáo cāo duì jūn fǎ guān shuō wǒ wéi fǎn le jūn lìng yīng àn jūn fǎ
麦子。曹操对军法官说：“我违反了军令，应按军法
zhì zuì shuō zhe tā bá chū bǎo jiàn shuō wǒ shì zhǔ shuài bù néng zì
治罪。”说着，他拔出宝剑，说，“我是主帅，不能自
shā jiù bǎ tóu fa gē xià lái dài tì kǎn tóu ba shuō wán yòng jiàn gē xià
杀，就把头发割下来代替砍头吧！”说完，用剑割下
le zì jǐ de tóu fa cáo cāo yán yú lǜ jǐ yǒu cuò bì jiū biǎo xiàn chū zuò
了自己的头发。曹操严于律己，有错必纠，表现出作
wéi zhèng zhì jiā de kuān guǎng xiōng huái
为政治家的宽广胸怀。

原文

guò néng gǎi， guī yú wú；
过能改，归于无；
tǎng yǎn shì， zēng yì gū。
倘掩饰，增一辜。

释义

有过错能够改正，就等于没有做过错事一样；如果有错不肯承认，还要为自己遮盖掩饰，就等于错上加错了。

近代马骀绘《古今人物画谱》之《周处斩蛟》，讲述周处在长桥搏杀蛟龙的故事

故事

## 改过自新

zhōu chǔ shì xī jìn shí rén， nián
周处是西晋时人，年
qīng de shí hou， píng jiè zì jǐ yǒu lì
轻的时候，凭借自己有力
qi， huì wǔ yì， chēng bà yì fāng。
气，会武艺，称霸一方。
hòu lái， yǒu rén gào su tā， běn dì
后来，有人告诉他，本地

有“三害”（当地河里的蛟龙、南山的猛虎再加上周处，被称为“三害”），周处为了表现自己的侠义，上山打死猛虎，又到河中与蛟龙进行殊死搏斗。最后蛟龙被杀死，周处也负了伤。人们以为周处也死了，所以拍手称快，认为“三害”都被除掉了。

周处见乡亲们都盼着他死，才知道自己以前确实做得有些过分，决定改过自新。后来，周处跟随名士陆机、陆云学习，逐渐改掉恶习，并且还做了将军，成为国家的有用之材。

天津杨柳青年画《除三害》，讲述周处杀猛虎、斗蛟龙的故事

## 原文

fán shì rén，jiē xū ài，
凡是人，皆须爱，
tiān tóng fù，dì tóng zài。
天同覆，地同载。

## 释义

人与人之间，要和睦相处，互相爱护，因为大家都生活在同一片蓝天下，同一块土地上。

## 故事

### 埋两头蛇

东晋顾恺之绘《列女仁智图卷》中的孙叔敖及母亲画像

sūn shū áo shì chūn qiū shí chǔ guó de
孙叔敖是春秋时楚国的
zhèng zhì jiā tā xiǎo de shí hou yì tiān
政治家，他小的时候，一天
zhèng zài cūn wài wán shuǎ tū rán yǒu yì tiáo
正在村外玩耍，突然有一条
liǎng tóu shé chū xiàn zài tā de miàn qián sūn
两头蛇出现在他的面前。孙
shū áo dà chī yì jīng yīn wèi tā tīng shuō
叔敖大吃一惊，因为他听说
liǎng tóu shé shì bù xiáng zhī wù shéi jiàn dào
两头蛇是不祥之物，谁见到

tā jiù huì sǐ qù　sūn shū áo gāng xiǎng duǒ kāi　zhuǎn niàn yì xiǎng　jué de bú
它就会死去。孙叔敖刚想躲开，转念一想，觉得不
duì　bù néng liú xià tā　jí shǐ zì jǐ sǐ le yě yào zá sǐ tā　fǒu zé bié
对，不能留下它，即使自己死了也要砸死它，否则别
rén jiàn le yě huì dǎo méi de　yú shì tā jiù bǎ liǎng tóu shé zá sǐ shēn mái le
人见了也会倒霉的，于是他就把两头蛇砸死深埋了。

sūn shū áo huí dào jiā li hòu　kū zhe bǎ zì jǐ de zāo yù gào su le mǔ
孙叔敖回到家里后，哭着把自己的遭遇告诉了母
qīn　mǔ qīn tīng le sūn shū áo de huà　xiào zhe shuō　hái zi　nǐ sǐ bu liǎo
亲。母亲听了孙叔敖的话，笑着说：“孩子，你死不了，
yīn wèi zài wēi xiǎn shí hái xiǎng zhe bié rén de rén shì bú huì qīng yì sǐ diào de　hòu
因为在危险时还想着别人的人是不会轻易死掉的。”后
lái　guǒ rán xiàng mǔ qīn shuō de nà yàng　sūn shū áo jiàn kāng chéng zhǎng　zhǎng
来，果然像母亲说的那样，孙叔敖健康成长，长
dà hòu hái zuò le chǔ guó de xiàng guó
大后还做了楚国的相国。

明刻本《列女传》中的楚孙叔敖母插图，描绘孙叔敖回家向母亲哭诉埋掉两头蛇的场景

## 原文

xíng gāo zhě, míng zì gāo,
行高者，名自高，
rén suǒ zhòng, fēi mào gāo.
人所重，非貌高。

## 释义

品行高尚的人，声望自然就高；人们敬重一个人，主要是看他的品行，而不是看他有没有好相貌。

## 故事

### 晏婴使楚

yàn yīng shì chūn qiū shí qí guó de
晏婴是春秋时齐国的
xiàng guó bú dàn shēn cái ǎi xiǎo ér
相国，不但身材矮小，而
qiě zhǎng xiàng yě hěn pǔ tōng yí cì
且长相也很普通。一次，
qí wáng pài tā chū shǐ chǔ guó chǔ wáng
齐王派他出使楚国，楚王
tīng shuō yàn yīng lái le xiǎng xiū rǔ tā
听说晏婴来了，想羞辱他，

清人绘《历代名臣像解》中的晏婴画像

yú shì jiù zài chéng qiáng xià kāi le yí gè yòu dī yòu xiǎo de mén yàn yīng zhī
于是就在城墙下开了一个又低又小的门。晏婴知
dào zhè shì chǔ guó rén zài gù yì xiū rǔ tā jiù shuō wǒ shì qián lái fǎng wèn
道这是楚国人在故意羞辱他，就说：“我是前来访问
de zhè shì gǒu dòng bú shì guó mén rú guǒ wǒ fǎng wèn de shì gǒu guó wǒ
的，这是狗洞，不是国门，如果我访问的是狗国，我
jiù cóng zhè ge mén jìn qù chǔ guó rén tīng yàn yīng zhè yàng shuō jué de hěn nán
就从这个门进去。”楚国人听晏婴这样说，觉得很难
kān mǎ shàng dǎ kāi chéng mén ràng yàn yīng jìn qù
堪，马上打开城门让晏婴进去。

yàn yīng jiàn dào chǔ wáng chǔ wáng gù yì wèn tā qí guó méi yǒu rén le
晏婴见到楚王，楚王故意问他：“齐国没有人了
ma zěn me pài nǐ lái le
吗？怎么派你来了？”
yàn yīng huí dá shuō wǒ guó pài
晏婴回答说：“我国派
rén chū fǎng yǒu yí gè guī ju
人出访有一个规矩，
shàng děng guó jiā pài shàng děng rén
上等国家派上等人
wù xià děng guó jiā pài xià děng
物，下等国家派下等
rén wù wǒ zuì bù zhōng yòng
人物，我最不中用，
suǒ yǐ jiù pài wǒ dào chǔ guó lái
所以就派我到楚国来
le chǔ wáng tīng hòu jué
了。”楚王听后，觉
de yàn yīng hěn liǎo bu qǐ bù
得晏婴很了不起，不
jīn duì tā sù rán qǐ jìng bìng
禁对他肃然起敬，并
mǎ shàng xiàng tā zhì qiàn
马上向他致歉。

清罗聘绘《晏子使楚图》

原文

cái dà zhě wàng zì dà
才大者，望自大，
rén suǒ fú fēi yán dà
人所服，非言大。

释义

才能出众的人，名望自然就大；人们佩服一个人，不是看他会不会说大话。

故事

## 铁如意

wáng zhāo yuǎn shì wǔ dài shí hòu shǔ de tǒng shuài tā shēng xìng jiāo ào zì
王昭远是五代时后蜀的统帅，他生性骄傲自

五代南唐顾闳中绘《韩熙载夜宴图》（局部），描绘五代贵族的奢华生活

dà jīng cháng xiàng zhòng rén chuī xū zì jǐ de zhǐ huī cái néng bìng zǒng yǐ zhū
大，经常向众人吹嘘自己的指挥才能，并总以诸
gě liàng zì jū chuī xū shuō zhǐ yào wǒ shǒu wò tiě rú yì zuò zhe tài píng
葛亮自居，吹嘘说：“只要我手握铁如意，坐着太平
chē jiù kě yǐ zhǐ huī dà jūn yì tǒng tiān xià
车，就可以指挥大军，一统天下。”

gōng yuán nián běi sòng pài dà jūn gōng dǎ hòu shǔ hòu shǔ pài wáng
公元961年，北宋派大军攻打后蜀。后蜀派王
zhāo yuǎn shuài jūn dǐ kàng chū bīng nà tiān zǎi xiàng lǐ hào zài chéng dū chéng wài
昭远率军抵抗。出兵那天，宰相李昊在成都城外
shè yàn wèi tā jiàn xíng wáng zhāo yuǎn tòng yǐn yì fān gāo jǔ tiě rú yì shuō
设宴为他饯行。王昭远痛饮一番，高举铁如意说：
wǒ zhè cì bù jǐn yào shā tuì sòng jūn duó huí dāng nián bèi lüè qù de tǔ dì
“我这次不仅要杀退宋军，夺回当年被掠去的土地，
ér qiě hái yào zhí dǎo zhōng yuán rán ér zhǐ gāo qì yáng de wáng zhāo yuǎn yóu
而且还要直捣中原！”然而，趾高气扬的王昭远由
yú zhǐ huī shī dàng sān zhàn sān bài shǐ hòu shǔ jūn duì yí kuì qiān lǐ wáng
于指挥失当，三战三败，使后蜀军队一溃千里，王
zhāo yuǎn zì jǐ yě zuò le sòng jūn de fú lǔ jié guǒ wáng zhāo yuǎn zì bǐ zhū
昭远自己也做了宋军的俘虏。结果，王昭远自比诸
gě liàng yào yì tǒng tiān xià de dà huà chéng le lì shǐ shang de xiào bǐng
葛亮要一统天下的大话，成了历史上的笑柄。

五代十国后蜀黄筌绘《茶梅鸂鶒图》（局部）

## 原文

jǐ yǒu néng, wù zì sī;
己有能，勿自私；
rén yǒu néng, wù qīng zǐ
人有能，勿轻訾。

## 释义

自己有本领，不能只为自己谋私利；别人有本领，不能轻看人家，甚至说人家的坏话。

## 故事

### 田文不怒

zhàn guó shí wèi guó yào xuǎn yí wèi dà chén dān rèn xiàng guó wú qǐ wēi xìn gāo gōng láo dà rén men dōu yǐ wéi cháo tíng huì xuǎn tā wú qǐ zì jǐ yě yǒu zhè zhǒng xiǎng fǎ kě
战国时，魏国要选一位大臣担任相国。吴起威信高、功劳大，人们都以为朝廷会选他，吴起自己也有这种想法。可

明人绘吴起画像

shì cháo tíng zuì zhōng què rèn mìng wén chén tián wén jí mèng cháng jūn dān rèn le
是朝廷最终却任命文臣田文（即孟尝君）担任了
xiàng guó
相国。

wú qǐ bù fú qì qù wèn tián wén tián dà ren lǐng bīng dǎ zhàng
吴起不服气，去问田文："田大人，领兵打仗，
shǐ dí rén wén fēng sàng dǎn zhè xiē nín xíng ma tián wén shuō bù xíng
使敌人闻风丧胆，这些您行吗？"田文说："不行。"
wú qǐ yòu wèn guǎn lǐ guó jiā shǐ wèi guó fù qiáng nín bǐ wǒ rú hé
吴起又问："管理国家，使魏国富强，您比我如何？"
tián wén dá dào bù rú wú qǐ shuō nà cháo tíng zěn me huì xuǎn nín dān rèn
田文答道："不如。"吴起说："那朝廷怎么会选您担任
xiàng guó ne tián wén shuō
相国呢？"田文说：
xiàn zài guó jūn nián qīng dà
"现在国君年轻，大
chén men xìn xīn bù zú zhè
臣们信心不足，这
shí shì nǐ dāng xiàng guó hé shì
时是你当相国合适，
hái shi wǒ zhè ge lǎo chén dāng
还是我这个老臣当
xiàng guó hé shì ne wú qǐ
相国合适呢？"吴起
zǐ xì yì xiǎng què shí zhǐ yǒu
仔细一想，确实只有
tián wén zhè yàng de lǎo chén cái
田文这样的老臣才
néng wěn zhù jú shì suǒ yǐ jiù
能稳住局势，所以就
bú zài shuō shén me le
不再说什么了。

清绣像本《东周列国志》中的孟尝君（田文）画像

原文

wù chǎn fù　　wù jiāo pín
勿谄富，勿骄贫，
wù yàn gù　　wù xǐ xīn
勿厌故，勿喜新。

释义

不要讨好富人，也不要轻看穷人；不要厌弃故旧老友，也不要只喜欢新结交的朋友。

故事

## 不忘老朋友

dōng hàn guāng wǔ dì liú xiù shì gè zhòng yǒu qíng de rén, tā dāng le huáng dì yǐ hòu, bìng wèi yīn wèi zì jǐ dì wèi biàn le ér wàng jì pín jiàn shí de péng you.
东汉光武帝刘秀是个重友情的人，他当了皇帝以后，并未因为自己地位变了而忘记贫贱时的朋友。

清人绘《历代帝王圣贤名臣大儒遗像》中的光武帝刘秀画像

yì tiān tā bǎ zì jǐ de tóng xué yán guāng qǐng dào luò yáng tā zhī dào yán
一天，他把自己的同学严光请到洛阳。他知道严
guāng yǒu cái huá xiǎng ràng tā bāng zhù zì jǐ zhì lǐ tiān xià yán guāng gěi tā jiǎng
光有才华，想让他帮助自己治理天下，严光给他讲
le xǔ yóu xǐ ěr jù jué yáo dì shàn wèi de gù shi biǎo shì zì jǐ bú yuàn yì zuò
了许由洗耳拒绝尧帝禅位的故事，表示自己不愿意做
guān liú xiù bìng bù shēng qì tā bǎ yán guāng qǐng dào huáng gōng rè qíng zhāo
官。刘秀并不生气，他把严光请到皇宫，热情招
dài wǎn shang liǎng rén jiāo tán dào shēn yè bìng zài yì qǐ shuì jiào
待。晚上，两人交谈到深夜，并在一起睡觉。
hòu lái yán guāng dào fù chūn jiāng biān gēng tián dù rì guò qǐ le yǐn jū shēng huó
后来，严光到富春江边耕田度日，过起了隐居生活。
liú xiù zūn zhòng yán guāng de xuǎn zé bìng méi yǒu miǎn qiǎng tā dāng guān
刘秀尊重严光的选择，并没有勉强他当官。
liú xiù guì wéi dì wáng bú wàng gù jiāo què shí zhí dé qīn pèi
刘秀贵为帝王，不忘故交，确实值得钦佩。

明金忠编《御世仁风》插图，讲述汉光武帝刘秀不屈高贤，礼聘严光，而严光却不受高位，隐钓富春山的故事

原文

rén bù xián　　wù shì jiǎo
人不闲，勿事搅；
rén bù ān　　wù huà rǎo
人不安，勿话扰。

释义

别人正忙得没有空闲时，不要因为自己有事去打扰别人；别人情绪不安时，不要唠唠叨叨地对他说个不停。

故事

## 不合时宜的劝说

sān guó shí　wèi míng dì zuì téng ài de yí gè nǚ ér sǐ le　wèi míng dì
三国时，魏明帝最疼爱的一个女儿死了。魏明帝

东晋顾恺之绘《洛神赋图》（局部）

十分悲痛，决定厚葬她，并且表示要亲自去送葬。在古代，女子的地位不高，魏明帝作为君主，竟要亲自为女儿送葬，这是不合规矩的。于是，大臣杨阜对魏明帝说：“过去，先王和太后去世时，您都没有去送葬，现在女儿死了却去送葬，这与礼法不合。”杨阜说得有道理，但他却唠唠叨叨地说个不停。当时魏明帝正处于悲痛之时，所以，他不仅没有理会杨阜的意见，还把他赶出了朝堂。杨阜落得这个下场，完全是因为他说话不看时机的结果。

清绣像本《三国演义》插图《杨阜借兵破马超》，描绘杨阜去历城姜叙处借兵的场景

原文

rén yǒu duǎn，qiè mò jiē；
人有短，切莫揭；
rén yǒu sī，qiè mò shuō。
人有私，切莫说。

释义

别人有短处，不要随便去揭露；别人有隐私，千万不要去宣扬。

故事

## 宽厚待人

liú kuān shì dōng hàn shí de yí wèi chéng xiàng，yǐ kuān hòu dài rén wén míng yú
刘宽是东汉时的一位丞相，以宽厚待人闻名于

四川郫县出土东汉石棺画像《宴客乐舞图》

世。部下有了过错，他一般能够体谅，家人和仆人犯了错，他也从不生气。有一次，他的夫人故意想惹他发脾气，想看看他的涵养，于是就在他穿好朝服准备上朝时，让侍女捧着一碗鸡汤给他喝。侍女在他面前故意失手，鸡汤洒在了他的朝服上。侍女赶紧揩擦，然后低头站在一边准备挨骂。刘宽不仅没有生气，反而关心地问：“你的手烫伤了吗？”侍女很感动，夫人对他的涵养也十分佩服。刘宽性情温和，气度宽宏，因此受到人们的尊敬。

清梁延年编《圣谕像解》插图《羹污朝衣》，讲述刘宽朝衣被仕女弄脏，却不发怒，体现了他宽以待人的品格

## 原文

dào rén shàn jí shì shàn
道人善，即是善，
rén zhī zhī yù sī miǎn
人知之，愈思勉。

## 释义

称赞别人的美德，本身就是一种美德；别人听到你这样赞美他，就会更加勉励自己行善。

## 故事

### 倒屣迎客

cài yōng shì dōng hàn zhù míng de wén xué jiā hé
蔡邕是东汉著名的文学家和
shū fǎ jiā hàn xiàn dì shí rèn zuǒ zhōng láng jiàng
书法家，汉献帝时任左中郎将，
zài cháo yě míng zhòng yì shí jiā li cháng cháng
在朝野名重一时，家里常常
shì bīn kè yíng mén dàn shì cài yōng cóng bù gāo
是宾客盈门。但是，蔡邕从不高
ào tā fēi cháng zūn zhòng yǒu cái xué de rén
傲，他非常尊重有才学的人。
dāng shí yǒu yí wèi nián qīng de cái zǐ
当时有一位年轻的才子，

佚名绘《古代名臣图册》中的蔡邕画像

名叫王粲，出身名门望族，才学出众。一天，王粲来到长安，专程去拜访蔡邕。蔡邕听说王粲来了，马上出门相迎，由于古时候人们在家里有脱鞋席地而坐的习惯，蔡邕急着迎接王粲，连鞋子（屣）都顾不得穿好，倒拖着鞋子迎了出来。他把王粲迎进家中，对宾客们做了介绍，并对王粲大加赞誉。王粲为此深受鼓舞，此后，两人成为忘年之交，经常在一起谈心学习，互相切磋。后来，王粲成为著名的文学家，被誉为“建安七子”之一。

明臧懋循编《元曲选图·王粲登楼》插图《假托名蔡邕荐士》，讲述蔡邕暗中帮助王粲的故事

## 原文

yáng rén è jí shì è
扬人恶，即是恶，
jí zhī shèn huò qiě zuò
疾之甚，祸且作。

## 释义

宣扬别人的恶行，本身就是一种恶行；一味地指责别人，就会招来祸患。

## 故事

### 因骂致祸

guàn fū shì xī hàn de yì míng jiāng jūn
灌夫是西汉的一名将军，
yǒng měng shàn zhàn jí è rú chóu dàn tā yǒu
勇猛善战，疾恶如仇。但他有
yí gè quē diǎn jiù shì pí qi tài zhí shuō huà
一个缺点，就是脾气太直，说话
bù fēn chǎng hé bù jiǎng jiu fāng shì
不分场合，不讲究方式。

guàn fū hé dāng shí de chéng xiàng tián fén gé
灌夫和当时的丞相田蚡隔
hé hěn dà yǒu yí cì zài tián fén de hūn yàn
阂很大，有一次，在田蚡的婚宴

西汉长信宫灯

上，灌夫因为看不惯朝中官员巴结田蚡而怠慢老丞相，和田蚡争吵起来。灌夫一气之下，把田蚡贪污腐败、买官卖官、横行霸道的种种劣迹都说了出来，以至于搅散了宴会。要知道田蚡是皇上的舅父，当然不会放过他，他命人把灌夫抓了起来，并以勾结地方豪强图谋造反的罪名将他处死。别人做了坏事，不是说不要指正，但要讲究方式，注意策略，光凭一时的意气，贸然行事，是不会有好效果的。

明宣宗皇帝撰《御制外戚事鉴》中关于田蚡事迹的插图

## 原文

shàn xiāng quàn　dé jiē jiàn
善相劝，德皆建，
guò bù guī　dào liǎng kuī
过不规，道两亏。

## 释义

朋友间互相勉励行善，双方的品德就会更加完善；朋友有过错不去规劝，双方的品德就会有所欠缺。

## 故事

### 诤友

nán běi cháo shí　yǒu yí gè jiào cuī
南北朝时，有一个叫崔
zhān de rén　tā yǒu yí gè hǎo péng you jiào
瞻的人。他有一个好朋友叫
lǐ gài　liǎng rén de guān xì hěn bú yì bān
李概，两人的关系很不一般，
cháng cháng jù zài yì qǐ　tán tiān shuō dì
常常聚在一起，谈天说地，
fù shī chàng dá　tā men zài yì qǐ kě bù
赋诗唱答。他们在一起可不
zhǐ shì yì bān de wán lè　ér shì hù xiāng
只是一般的玩乐，而是互相

山东青州龙兴寺窖藏北朝彩绘石雕佛立像

学习，互相切磋，如果对方有什么缺点，就会毫不客气地指出来，当时人称他们为“莫逆之交”。

后来，李概要回老家了，听到这个消息，崔瞻十分难过，给李概写了一封信，信中说道：“意气用事，仗气喝酒，是我经常犯的毛病。有你在，总是毫不犹豫地教训我，这是我人生的一大幸事呀！如今你走了，谁还能指出我的缺点呢？”崔瞻的一番话，足见两人友情的深厚。

宋马和之绘《孝经图》之一，讲述为人臣应力行谏言的道理

## 原文

fán qǔ yǔ　guì fēn xiǎo
凡取与，贵分晓，
yǔ yí duō　qǔ yí shǎo
与宜多，取宜少。

## 释义

拿别人东西和给别人东西，一轻一重要处理妥当；给人家东西要多一点，拿人家东西要少一点。

## 故事

### 知恩图报

zhào dùn shì chūn qiū shí jìn guó de zhí zhèng dà chén　dāng shí guó jūn shí fēn cán bào　yóu yú zhào dùn jīng cháng zhǐ zé tā de guò shī　guó jūn
赵盾是春秋时晋国的执政大臣，当时国君十分残暴，由于赵盾经常指责他的过失，国君

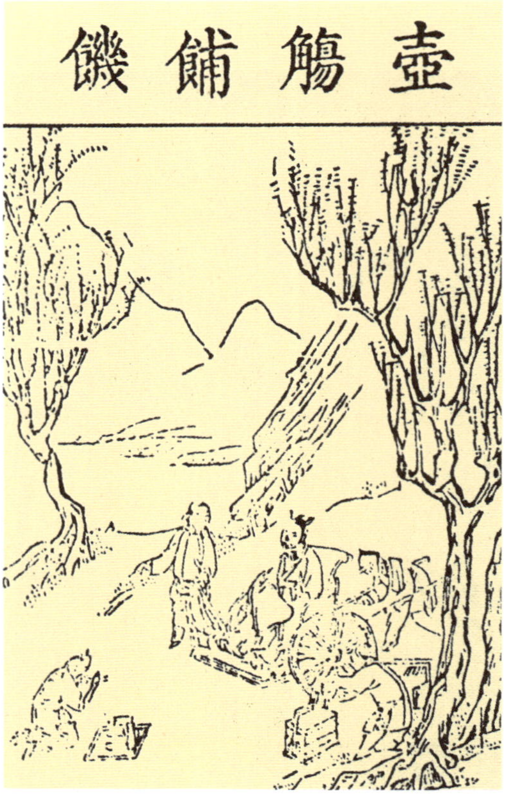

明涂时相撰《养蒙图说》插图《壶觞铺饥》，讲述赵盾救助桑下饿人的故事

山东嘉祥武氏祠画像《桑下饿人》，讲述赵盾救助落难武士的故事

duō cì xiǎng móu hài tā yǒu yí cì guó jūn jiǎ yì qǐng zhào dùn hē jiǔ què
多次想谋害他。有一次，国君假意请赵盾喝酒，却
zài jiǔ yàn shang mái fú le shā shǒu zhào dùn yǎn kàn yào bèi shā shí yí gè wǔ
在酒宴上埋伏了杀手，赵盾眼看要被杀时，一个武
shì jiù tā tuō lí le xiǎn jìng hòu lái zhào dùn wèn nà ge rén wèi shén me yào pīn
士救他脱离了险境。后来，赵盾问那个人为什么要拼
sǐ xiāng jiù zhè ge wǔ shì shuō dāng nián wǒ
死相救，这个武士说：“当年，我
è de yào sǐ le shì nín sòng gěi wǒ yì kuāng fàn
饿得要死了，是您送给我一筐饭
shi bìng qiě hái sòng dōng xi gěi wǒ de mǔ qīn wǒ
食，并且还送东西给我的母亲，我
jiù shì nà ge sāng xià è rén na yuán lái
就是那个‘桑下饿人’哪！”原来，
zhè ge wǔ shì shì dāng nián zhào dùn dǎ liè shí jiù zhù guo
这个武士是当年赵盾打猎时救助过
de yí gè rén zhè ge rén yì zhí wàng bu liǎo zhào dùn
的一个人。这个人一直忘不了赵盾
duì tā de ēn qíng suǒ yǐ zhè cì zhào dùn yù dào wēi
对他的恩情，所以这次赵盾遇到危
xiǎn shí tā fèn bú gù shēn de jiù le zhào dùn
险时，他奋不顾身地救了赵盾。

春秋蔡侯申铜方壶

原文

jiāng jiā rén，xiān wèn jǐ，
将加人，先问己，
jǐ bú yù，jí sù yǐ。
己不欲，即速已。

释义

准备要求别人去做的事，首先要问问自己愿不愿意去做；如果自己也不愿意做的，就应该马上停止。

故事

## 曹操的宽容

清绣像本《三国演义》插图《劫乌巢孟德烧粮》，讲述曹操在官渡之战打败袁绍的故事

dōng hàn mò nián，cáo cāo zài hé
东汉末年，曹操在和
yuán shào zuò zhàn shí，chǔ yú xià fēng，tā
袁绍作战时，处于下风，他
de xǔ duō bù xià duì shèng lì méi yǒu xìn
的许多部下对胜利没有信
xīn，dōu hé yuán shào jìn xíng lián luò，yǐ
心，都和袁绍进行联络，以
biàn cáo cāo shī bài hòu zì jǐ hǎo yǒu gè tuì
便曹操失败后自己好有个退
lù。hòu lái jīng guò guān dù zhī zhàn，cáo
路。后来经过官渡之战，曹

cāo dǎ bài yuán shào cóng yuán shào nà lǐ jiǎo huò le zhè xiē shū xìn cáo cāo kàn yě
操打败袁绍，从袁绍那里缴获了这些书信，曹操看也
bú kàn jiù ràng rén shāo le yǒu rén wèn cáo cāo wèi shén me bù chá cha shì nǎ
不看，就让人烧了。有人问曹操，为什么不查查是哪
xiē rén hé yuán shào gōu jié cáo cāo shuō zhè xiē gēn suí wǒ dǎ zhàng de rén shéi
些人和袁绍勾结。曹操说：“这些跟随我打仗的人谁
méi yǒu jiā tíng ér nǚ shéi zài jué wàng shí dōu huì zhǎo tuì lù dāng shí wǒ yě
没有家庭儿女，谁在绝望时都会找退路。当时，我也
méi yǒu xìn xīn hé kuàng tā men suǒ yǐ bú yào qù zhuī wèn le
没有信心，何况他们？所以，不要去追问了。”

cáo cāo zài zhè lǐ zūn xún le tuī jǐ jí rén de yuán zé dāng shí lián zì jǐ
曹操在这里遵循了推己及人的原则。当时连自己
dōu méi yǒu xìn xīn zěn me qù yāo qiú bié rén ne cáo cāo de shǒu xià jué de tā
都没有信心，怎么去要求别人呢！曹操的手下觉得他
kuān róng dà dù tǐ xù bù xià dōu yuàn yì wèi tā xiào lì cáo jūn de shì qì
宽容大度，体恤部下，都愿意为他效力，曹军的士气
gèng jiā zhèn fèn le
更加振奋了。

清末年画《华容道》，讲述曹操赤壁之战失利，败走华容道，被关羽释放的故事

原文

ēn yù bào　　yuàn yù wàng
恩欲报，怨欲忘，
bào yuàn duǎn　　bào ēn cháng
报怨短，报恩长。

释义

得到人家的恩惠应该想法去报答，与别人结的怨恨应该想法去忘记；对他人的怨恨不要记得太久，报答他人恩情的心意却要长记在心。

故事

## 吕蒙正忘怨

lǚ méng zhèng shì běi sòng míng chén　yì shēng céng sān cì chū rèn zǎi xiàng　tā wéi rén zhèng zhí shàn liáng　dài rén kuān hóng dà liàng　cóng bú jì jiào tā rén de guò cuò　yě cóng bú duì sī yuàn gěng gěng yú huái
吕蒙正是北宋名臣，一生曾三次出任宰相，他为人正直善良，待人宽宏大量，从不计较他人的过错，也从不对私怨耿耿于怀。

清人绘《历代名臣像解》中的吕蒙正画像

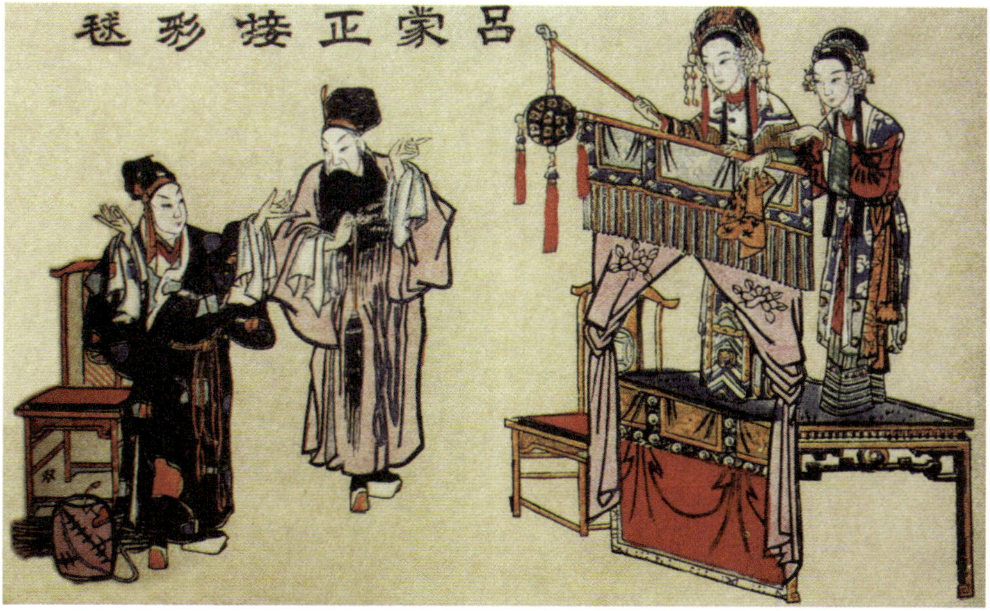


清末年画《吕蒙正接彩球》，讲述洛阳城相国千金刘翠屏抛球择婿，选中穷秀才吕蒙正，与其相濡以沫，最终吕蒙正得中高第的故事

yǒu yí cì cháo tíng yào rèn mìng gāo guān xǔ duō dà chén dōu jí lì tuī jiàn
有一次，朝廷要任命高官，许多大臣都极力推荐
tā dàn yǒu yí wèi dà chén què jí lì fǎn duì bìng shuō le lǚ méng zhèng xǔ duō
他，但有一位大臣却极力反对，并说了吕蒙正许多
huài huà jīng guò duō cì tǎo lùn huáng dì hái shi rèn mìng le lǚ méng zhèng guò
坏话。经过多次讨论，皇帝还是任命了吕蒙正。过
hòu yǒu wèi péng you wèi lǚ méng zhèng zāo rén fēi yì fèn fèn bù píng gào su tā
后，有位朋友为吕蒙正遭人非议愤愤不平，告诉他
zhè xiē qíng kuàng bìng yào gào su shuō tā huài huà nà rén de xìng míng lǚ méng
这些情况，并要告诉说他坏话那人的姓名。吕蒙
zhèng quàn zǔ le péng you tā shuō wǒ bù néng yīn wèi sī rén ēn yuàn yǔ tā zhēng
正劝阻了朋友，他说：“我不能因为私人恩怨与他争
chǎo rú guǒ zhī dào tā shì shéi jiù huì zhōng shēn wàng bu liǎo nà rén de guò cuò
吵，如果知道他是谁，就会终身忘不了那人的过错。
wǒ bù zhuī wèn nà rén de xìng míng yě shì wèi le yǐ hòu néng bǐng gōng bàn shì gè
我不追问那人的姓名，也是为了以后能秉公办事，个
rén de wěi qu néng suàn shén me ne
人的委屈能算什么呢！”

原文

dài bì pú shēn guì duān
待婢仆，身贵端，
suī guì duān cí ér kuān
虽贵端，慈而宽。

释义

对待婢女和仆人，最重要的是自己要有端庄的品行；品行端庄固然重要，但态度也要显得仁慈宽厚。

故事

## 战不旋踵

wú qǐ shì zhàn guó shí de jūn shì jiā bù jǐn néng zhēng shàn zhàn ér qiě hěn ài hù shì bīng néng hé shì bīng men tóng gān gòng kǔ
吴起是战国时的军事家，不仅能征善战，而且很爱护士兵，能和士兵们同甘共苦。

yǒu yí cì yì míng shì bīng bèi shang shēng chuāng huà le nóng téng de shòu
有一次，一名士兵背上生疮化了脓，疼得受

战国青铜饕餮纹盖鼎

不了。吴起为了使这名士兵快点儿好起来，就亲自用嘴给他吮脓。这名士兵的母亲听说以后，哭了起来。别人问她哭的原因，她说：“我丈夫就曾让吴起将军吮过脓疮，结果他在战场上英勇杀敌，战不旋踵（“旋踵”即向后退逃），最终战死沙场。我儿子现在又受到同样的待遇，恐怕离战死不远了。”

吴起是一个百战百胜的将军，靠的不只是军事谋略高人一筹，爱护士兵也是很重要的原因。

近代马骀绘《历代名将画谱》之《吮卒病疽》，讲述吴起爱护士兵的故事

原文

shì fú rén，xīn bù rán，
势服人，心不然，
lǐ fú rén，fāng wú yán。
理服人，方无言。

释义

用权势压服人，他们虽然表面服从，但心里还是不服；用道理说服人，才会令他们心服口服。

故事

## 将相和

清吴历绘《蔺相如完璧归赵图》，讲述蔺相如在秦廷据理力争，完璧归赵的故事

zhàn guó shí，lián pō hé lìn xiàng rú tóng zài zhào guó zuò guān。
战国时，廉颇和蔺相如同在赵国做官。
lián pō zhàn gōng zhuó zhù，bèi fēng wéi shàng qīng；ér lìn xiàng rú zài
廉颇战功卓著，被封为上卿；而蔺相如在

chū shǐ qín guó hòu wán bì guī zhào lì yǒu dà gōng bèi fēng wéi shàng dà
出使秦国后，完璧归赵，立有大功，被封为上大
fū dì wèi zài lián pō zhī shàng lián pō bù fú xiǎng xiū rǔ lìn xiàng rú
夫，地位在廉颇之上。廉颇不服，想羞辱蔺相如。
lìn xiàng rú wèi cǐ jīng cháng huí bì lián pō yǐ miǎn fā shēng chōng tū lìn
蔺相如为此经常回避廉颇，以免发生冲突。蔺
xiàng rú de shǒu xià wèi tā bào bù píng lìn xiàng rú shuō qín guó zhī suǒ yǐ
相如的手下为他抱不平，蔺相如说：“秦国之所以
hài pà zhào guó shì yīn wèi yǒu wǒ hé lián jiāng jūn zài wǒ bìng bú shì hài pà
害怕赵国，是因为有我和廉将军在。我并不是害怕
lián jiāng jūn dàn rú guǒ wǒ
廉将军，但如果我
men liǎng rén xiāng dòu guó
们两人相斗，国
jiā jiù wēi xiǎn le
家就危险了。”
lìn xiàng rú de yì fān
蔺相如的一番
huà chuán dào lián pō de ěr
话传到廉颇的耳
duo zhōng lián pō gǎn dào hěn
朵中，廉颇感到很
xiū kuì tuō le shàng yī
羞愧，脱了上衣，
bēi zhe jīng tiáo dào lìn xiàng rú
背着荆条到蔺相如
mén qián xiè zuì cóng cǐ
门前谢罪。从此，
liǎng rén hé hǎo rú chū bìng
两人和好如初，并
qiě chéng wéi tóng shēng sǐ gòng
且成为同生死共
huàn nàn de péng you
患难的朋友。

清梁延年编《圣谕像解》插图《负荆谢罪》，描绘蔺相如以国家利益为重，刻意躲避廉颇，以免与之发生冲突的场景

## 原文

tóng shì rén，lèi bù qí，
同是人，类不齐，
liú sú zhòng，rén zhě xī。
流俗众，仁者稀。

## 释义

同样在世为人，品行高低却各不相同；品行一般的俗人多，品行高尚的仁者少。

## 故事

### 感化偷牛人

sān guó shí，yǒu yí gè jiào wáng liè de dú shū rén，qì dù huī hóng，
三国时，有一个叫王烈的读书人，气度恢宏，
néng tǐ liàng rén xīn，zài dāng dì hěn yǒu
能体谅人心，在当地很有
wēi wàng。dāng shí，yí gè rén tōu le
威望。当时，一个人偷了
bié rén yì tóu niú，bèi shī zhǔ zhuō zhù。
别人一头牛，被失主捉住。
tōu niú rén shuō："wǒ yì shí guǐ mí xīn
偷牛人说："我一时鬼迷心
qiào，tōu le nǐ de niú，nǐ zěn me
窍，偷了你的牛，你怎么

三国青瓷镂空器

fá wǒ dōu xíng zhǐ qiú nǐ bú yào gào su wáng liè hòu lái wáng liè zhī
罚我都行，只求你不要告诉王烈。”后来，王烈知
dào le zhè jiàn shì lì jí tuō rén zèng gěi tōu niú rén yì pǐ bù yǒu rén wèn
道了这件事，立即托人赠给偷牛人一匹布。有人问
tā wèi shén me zhè yàng zuò wáng liè jiě shì dào zuò le zéi ér bú yuàn ràng
他为什么这样做，王烈解释道：“做了贼而不愿让
wǒ zhī dào shuō míng tā yǒu xiū chǐ zhī xīn wǒ sòng bù gěi tā shì wèi le jī
我知道，说明他有羞耻之心，我送布给他是为了激
lì tā gǎi guò zì xīn rén men tīng hòu zhí yáo tóu bú tài xiāng xìn huì yǒu
励他改过自新。”人们听后直摇头，不太相信会有
shén me xiào guǒ
什么效果。

jǐ tiān hòu yí wèi lǎo rén diū le yì bǎ jiàn yí gè rén shǒu zhe jiàn děng dào bàng wǎn zhí dào wù guī yuán zhǔ cái huí jiā ér zhè ge shí jīn bú mèi de rén zhèng shì nà ge tōu niú rén tōng guò zhè jiàn shì rén men duì wáng liè gèng jiā qīn pèi tā suǒ zài de xiāng lǐ yě rén rén hé mù bèi chēng wéi jūn zǐ zhī xiāng
几天后，一位老人丢了一把剑，一个人守着剑等到傍晚，直到物归原主才回家，而这个拾金不昧的人，正是那个偷牛人。通过这件事，人们对王烈更加钦佩。他所在的乡里也人人和睦，被称为“君子之乡”。

清梁延年编《圣谕像解》插图《盗牛守剑》，讲述盗牛者受王烈感化，拾剑后坐等失主的故事

## 原文

guǒ rén zhě rén duō wèi

果仁者，人多畏，

yán bú huì sè bú mèi

言不讳，色不媚。

## 释义

真正品行高尚的人，大家都敬重他；这样的人说话直言不讳，也不去谄媚讨好别人。

## 故事

### 不下拜

xiāo yǎn shì nán cháo liáng de kāi guó huáng dì xiāo yǎn jí jiāng dāng huáng dì de shí hou rén men jiàn le tā dōu gē gōng sòng dé xiāo yǎn zì jǐ yě zhì dé yì mǎn shí fēn gāo xìng dàn zhè shí yǒu yí gè jiào xiè lǎn de rén jiàn le xiāo yǎn jì bù gōng wéi yě bù jū shù

萧衍是南朝梁的开国皇帝。萧衍即将当皇帝的时候，人们见了他都歌功颂德，萧衍自己也志得意满，十分高兴。但这时有一个叫谢览的人，见了萧衍既不恭维，也不拘束，

清人绘梁武帝萧衍画像

gěi xiāo yǎn xíng lǐ hòu zhuǎn shēn jiù zǒu le xiāo yǎn jiàn cǐ qíng jǐng chén mò
给萧衍行礼后，转身就走了。萧衍见此情景，沉默
le hǎo dà yí huì er rán hòu wèn páng biān de guān yuán zhè wèi nián qīng rén shì
了好大一会儿，然后问旁边的官员：“这位年轻人是
shéi shǒu xià rén gào su tā zhè ge rén jiào xiè lǎn xiāo yǎn jì zhù le zhè ge míng
谁？”手下人告诉他这个人叫谢览。萧衍记住了这个名
zi tā duì zhè wèi nián qīng rén bù bēi bú kàng tǎn rán zì ruò de xíng wéi hěn zàn
字。他对这位年轻人不卑不亢、坦然自若的行为很赞
shǎng jué dìng zhòng yòng tā
赏，决定重用他。

清彩绘本《帝鉴图说》之《舍身佛寺》，讲述梁武帝在同泰寺出家，为众僧讲经说法的故事

## 原文

néng qīn rén，wú xiàn hǎo，
能亲仁，无限好，
dé rì jìn，guò rì shǎo。
德日进，过日少。

## 释义

能够亲近品行高尚的仁人，对自己有莫大的好处；道德品质会一天天提高，过错会一天天减少。

## 故事

### 孟母三迁

清代天津杨柳青年画《孟母择邻》

mèng kē shì zhàn guó shí zhù míng de sī xiǎng jiā，xiāng chuán tā hěn xiǎo de shí hou fù qīn jiù qù shì le，jiā li shí fēn pín qióng，dàn mǔ qīn bìng méi yǒu yīn cǐ ér fàng qì duì tā de jiào

孟轲是战国时著名的思想家，相传他很小的时候父亲就去世了，家里十分贫穷，但母亲并没有因此而放弃对他的教

yù tā men zuì chū zhù zài fén dì páng biān jiàn duō le chū bìn de mèng kē jiù
育。他们最初住在坟地旁边，见多了出殡的，孟轲就
mó fǎng zhe zuò sāng shì mèng mǔ dān xīn zhè yàng xià qù huì yǐng xiǎng mèng kē de xué
模仿着做丧事。孟母担心这样下去会影响孟轲的学
xí jiù bǎ jiā bān dào jí shì shang yǔ yì jiā tú fū wéi lín ér mèng kē yòu
习，就把家搬到集市上，与一家屠夫为邻，而孟轲又
mó fǎng qǐ shā zhū zǎi yáng lái mèng mǔ rèn wéi zài zhè lǐ jū zhù yě bú lì yú mèng
模仿起杀猪宰羊来。孟母认为在这里居住也不利于孟
kē xué xí yīn cǐ yòu bǎ jiā bān dào yí zuò xué táng fù jìn cóng cǐ mèng kē
轲学习，因此又把家搬到一座学堂附近。从此，孟轲
jiù gēn zhe xué táng zhōng de xiān sheng zhuān xīn dú shū yán xí lǐ yí xué yè bú
就跟着学堂中的先生专心读书，研习礼仪，学业不
duàn zhǎng jìn mèng mǔ rèn wéi zhè lǐ de huán jìng duì ér zi de chéng zhǎng yǒu lì
断长进。孟母认为这里的环境对儿子的成长有利，
biàn cháng qī dìng jū xià lái
便长期定居下来。

天津杨柳青年画《孟母择邻》

原文

bù qīn rén wú xiàn hài
不亲仁，无限害，
xiǎo rén jìn bǎi shì huài
小人进，百事坏。

释义

不亲近品行高尚的仁人，对自己有莫大的害处；如果品质恶劣的小人接近你，不管什么事情都会办坏。

故事

## 交友之戒

sān guó shí liú wěi yǔ wèi fěng guān xì hěn hǎo liú wěi de gē ge liǎo jiě
三国时，刘伟与魏讽关系很好。刘伟的哥哥了解

wèi fěng de wéi rén zhī dào tā shì yí gè rǎo
魏讽的为人，知道他是一个扰
luàn shè huì gū míng diào yù de rén jiù quàn
乱社会、沽名钓誉的人，就劝
dì di shuō zuò rén yí dìng yào tóng nà xiē pǐn
弟弟说：“做人一定要同那些品
xíng gāo shàng de rén jiāo wǎng zhè yàng huì duì
行高尚的人交往，这样会对
zì jǐ yǒu hěn duō hǎo chù rú guǒ hé nà xiē pǐn
自己有很多好处；如果和那些品
zhì è liè de rén jiāo wǎng hòu guǒ wǎng wǎng
质恶劣的人交往，后果往往
huì bù kān shè xiǎng wǒ kàn wèi fěng zhè ge rén
会不堪设想。我看魏讽这个人

三国青釉鸡首壶

pǐn xíng bù duān xǐ hào jié jiāo yì xiē bù sān bú sì de rén nǐ zuì hǎo bú yào
品行不端，喜好结交一些不三不四的人，你最好不要
hé tā lái wǎng yǐ miǎn jiāng lái shòu tā de lián lei liú wěi bìng méi yǒu tīng gē
和他来往，以免将来受他的连累。”刘伟并没有听哥
ge de quàn gào hòu lái wèi fěng yīn zuò luàn zhāo zhì zāi huò liú wěi yīn hé tā
哥的劝告。后来，魏讽因作乱招致灾祸，刘伟因和他
lái wǎng mì qiè ér shòu dào qiān lián tā hòu huǐ méi tīng gē ge de quàn gào kě shì
来往密切而受到牵连。他后悔没听哥哥的劝告，可是
yǐ jīng lái bu jí le
已经来不及了。

清上睿绘《携琴访友图》，描绘古人朋友之间交往的场景

原文

bú lì xíng dàn xué wén
不力行，但学文，
zhǎng fú huá chéng hé rén
长浮华，成何人！

释义

不知道按书中讲的道理去做，只知道啃书本，只能使自己华而不实，将来会成为怎样的一个人呢？

故事

## 纸上谈兵

zhào kuò shì zhàn guó shí zhào guó dà jiàng
赵括是战国时赵国大将
zhào shē de ér zi cóng xiǎo shú dú bīng fǎ
赵奢的儿子，从小熟读兵法，
jiǎng qǐ zhàn shù lái tóu tóu shì dào lián zhào
讲起战术来头头是道，连赵
shē yě nán bu zhù tā dàn zhào shē cóng bù
奢也难不住他。但赵奢从不
kuā jiǎng zì jǐ de ér zi tā rèn wéi zhào
夸奖自己的儿子，他认为赵

赵括的父亲赵奢是战国时期著名军事家，反对赵括夸夸其谈，不务实际的做法。上图为清人绘赵奢画像

kuò yán guò qí shí　zhǐ huì kuā kuā qí tán　méi yǒu shí jì de zuò zhàn jīng yàn
括言过其实，只会夸夸其谈，没有实际的作战经验。

zhè yì nián　qín guó gōng dǎ zhào guó　zhào guó pài dà jiàng lián pō qián qù
这一年，秦国攻打赵国，赵国派大将廉颇前去
dǐ dǎng　lián pō hěn yǒu jīng yàn　tā gēn jù dí qiáng wǒ ruò de xíng shì　cǎi
抵挡。廉颇很有经验，他根据敌强我弱的形势，采
qǔ jiān shǒu bù chū　bǎo cún shí lì de cè lüè　yǒu xiào de zǔ zhǐ le qín guó de
取坚守不出、保存实力的策略，有效地阻止了秦国的
jìn gōng　qín guó jiàn lián pō nán duì fu　jiù cǎi yòng fǎn jiàn jì　pài rén sàn
进攻。秦国见廉颇难对付，就采用反间计，派人散
bù liú yán　tiǎo bō zhào wáng hé lián pō de guān xì　zhào wáng zhòng jì　dǎ
布流言，挑拨赵王和廉颇的关系。赵王中计，打
suàn pài zhào kuò dài tì lián pō　zhào kuò de mǔ qīn quàn zǔ zhào wáng shuō　zhào
算派赵括代替廉颇。赵括的母亲劝阻赵王说：“赵
kuò zhǐ huì zhǐ shàng tán bīng　méi
括只会纸上谈兵，没
yǒu shí zhàn jīng yàn　bù néng dān
有实战经验，不能担
cǐ zhòng rèn　kě zhào wáng bù
此重任。”可赵王不
tīng　rèn mìng zhào kuò wéi jiāng jūn
听，任命赵括为将军。
zhào kuò méi yǒu fēn xī dí qíng　qīng
赵括没有分析敌情，轻
shuài de gǎi biàn le lǎo jiàng lián pō
率地改变了老将廉颇
de zhàn lüè　zài qín jūn de yǐn yòu
的战略，在秦军的引诱
xià chū bīng yíng zhàn　jié guǒ shǐ
下出兵迎战，结果使
sì shí duō wàn dà jūn quán jūn fù
四十多万大军全军覆
mò　zhào kuò yě zài tū wéi shí
没，赵括也在突围时
zhòng jiàn shēn wáng
中箭身亡。

明刻本《列女传》关于赵括母的插图，描绘赵括母劝赵王不要任用赵括为将的场景

## 原文

dàn lì xíng， bù xué wén，
但力行，不学文，
rèn jǐ jiàn， mèi lǐ zhēn。
任己见，昧理真。

## 释义

只知道卖力去做，不学习书中的道理，仅凭自己短浅的见识，永远不会明白真正的道理。

## 故事

### 吴下阿蒙

lǚ méng shì sān guó shí wú guó dà
吕蒙是三国时吴国大
jiàng shēn shòu sūn quán qì zhòng dàn lǚ
将，深受孙权器重。但吕
méng chū shēn pín hán méi niàn guo shén me
蒙出身贫寒，没念过什么
shū cháng bèi kàn zuò yí jiè wǔ fū yǒu
书，常被看作一介武夫。有
yí cì sūn quán duì lǚ méng shuō nǐ xiàn
一次孙权对吕蒙说：“你现

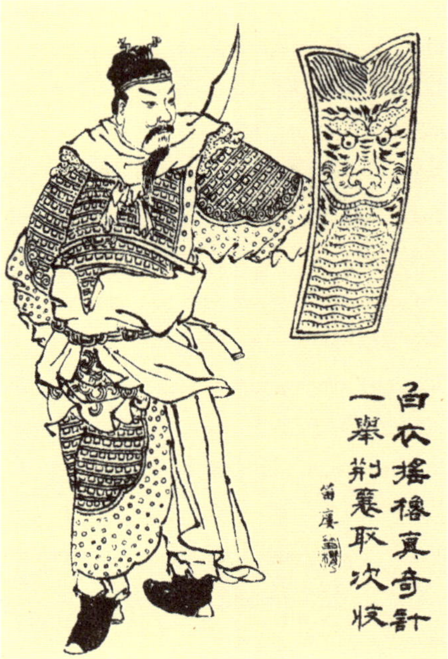

清绣像本《三国演义》中的吕蒙画像

zài zhǎng wò le dà quán fù zé chǔ lǐ guó jiā dà shì bù néng bù xué xí ya
在掌握了大权，负责处理国家大事，不能不学习呀！
jīng cháng kàn shū duō zēng jiā diǎn zhī shi huì dà yǒu hǎo chù de lǚ méng tīng
经常看书，多增加点知识，会大有好处的。”吕蒙听
le sūn quán de quàn gào kāi shǐ dú shū xué xí
了孙权的劝告，开始读书学习。

dāng chū dà dū
当初，大都
du lǔ sù yǒu diǎn kàn bu qǐ
督鲁肃有点看不起
lǚ méng rèn wéi tā méi yǒu
吕蒙，认为他没有
wén huà hòu lái lǔ sù dào
文化。后来鲁肃到
le lǚ méng de zhù dì hé
了吕蒙的驻地，和
tā yì qǐ jiāo tán le yí huì
他一起交谈了一会
er fā xiàn lǚ méng zhī shi
儿，发现吕蒙知识
yuān bó jiàn jiě shēn kè
渊博，见解深刻，
bù jīn dà wéi kǎi tàn wǒ
不禁大为慨叹：“我
guò qù shuō lǚ méng shì yí
过去说吕蒙是一
jiè wǔ fū jīn tiān kàn
介武夫，今天看
lái tā xué shí guǎng bó
来，他学识广博，
yǐ fēi xī rì de wú xià ā
已非昔日的吴下阿
méng le
蒙了！”

清绣像本《三国演义》插图《吕子明白衣渡江》，讲述吕蒙成功偷袭关羽，夺取荆州的故事

原文

dú shū fǎ, yǒu sān dào,
读书法，有三到，
xīn yǎn kǒu, xìn jiē yào.
心眼口，信皆要。

释义

读书的方法，讲究三到：心到，用心地想；眼到，仔细地看；口到，专心地读；这三条都很重要。

故事

## 王瞻读书

wáng zhān shì nán cháo shí de zhù míng xué zhě, zì yòu xǐ huan dú shū. tā gàn shén me dōu hěn rèn zhēn, dú shū de shí hou, zhuān xīn zhì zhì, jí shǐ yǒu zài dà de gān rǎo yě bù fēn xīn.

王瞻是南朝时的著名学者，自幼喜欢读书。他干什么都很认真，读书的时候，专心致志，即使有再大的干扰也不分心。

zhè yì tiān, wáng zhān hé tóng xué men zhèng zài xué táng li dú shū, hū rán wài miàn chuán lái yí zhèn luó gǔ shēng, shí fēn rè nao. yuán lái fù jìn yí hù yǒu

这一天，王瞻和同学们正在学堂里读书，忽然外面传来一阵锣鼓声，十分热闹。原来附近一户有

qián rén jiā zhèng zài jǔ bàn hūn lǐ xǔ duō tóng xué dōu zuò bu zhù le fēn fēn qù
钱人家正在举办婚礼。许多同学都坐不住了，纷纷去
kàn rè nao bù yí huì er tóng xué men jiù dōu pǎo guāng le zhǐ yǒu wáng zhān
看热闹，不一会儿，同学们就都跑光了。只有王瞻
zuò zài zì jǐ de wèi zi shang yí dòng bú dòng jì xù dú shū lǎo shī jiàn
坐在自己的位子上，一动不动，继续读书。老师见
wáng zhān zhè ge liù qī suì de yòu tóng jìng yǒu zhè yàng dà de zì zhì lì shí fēn
王瞻这个六七岁的幼童竟有这样大的自制力，十分
pèi fú
佩服。

清焦秉贞绘《百子团圆图册》之一，描绘儿童认真读书的场景

## 原文

fāng dú cǐ　wù mù bǐ
方读此，勿慕彼，
cǐ wèi zhōng　bǐ wù qǐ
此未终，彼勿起。

## 释义

正在读着这本书，不要想着另外一本书；这本书没有读完，不要开始读另外一本书。

## 故事

### 赵普夜读

zhào pǔ shì běi sòng de zǎi xiàng　méi
赵普是北宋的宰相，没
zuò guān zhī qián jiù ài dú shū　dāng shàng zǎi
做官之前就爱读书，当上宰
xiàng hòu　ài dú shū de xí guàn réng méi yǒu
相后，爱读书的习惯仍没有
gǎi biàn　yì tiān wǎn shang　sòng tài zǔ zhào
改变。一天晚上，宋太祖赵
kuāng yìn qù zhǎo tā shāng liang guó jiā dà shì
匡胤去找他商量国家大事，
yí jìn mén　jiàn zhào pǔ zhèng zài tiǎo dēng yè
一进门，见赵普正在挑灯夜

清人绘赵普画像

dú zhào kuāng yìn jiàn tā
读。赵匡胤见他
dú de shì lún yǔ
读的是《论语》，
shí fēn qí guài jiù wèn
十分奇怪，就问
tā lún yǔ shì ér
他：“《论语》是儿
tóng de qǐ méng dú wù nǐ
童的启蒙读物，你
zěn me hái zài dú tā
怎么还在读它？”
zhào pǔ shuō wǒ zhǐ yòng
赵普说：“我只用
bàn bù lún yǔ jiù wèi
半部《论语》就为
nín dǎ xià tiān xià hái yào
您打下天下，还要
yòng lìng bàn bù bāng nín zhì
用另半部帮您治
lǐ tiān xià ne suǒ yǐ wǒ
理天下呢！所以我
méi yǒu yì tiān bù dú tā
没有一天不读它。”
zhào pǔ dú lún yǔ dú
赵普读《论语》读
le yí bèi zi kě yǐ shuō
了一辈子，可以说
duì lún yǔ jìn xíng le
对《论语》进行了
zhuān mén de zuān yán shǐ
专门的钻研，使
qí chéng wéi tā zhì guó
其成为他治国、
píng tiān xià de zī běn
平天下的资本。

明刘俊绘《雪夜访普图》，讲述宋太祖赵匡胤雪夜访问赵普的故事

## 原文

kuān wéi xiàn jǐn yòng gōng
宽为限，紧用功，
gōng fu dào zhì sè tōng
工夫到，滞塞通。

## 释义

学习的时间要安排得多一些，但还是要抓紧用功；只要功夫到了，不懂的地方自然会弄清楚。

## 故事

### 王冕学画

wáng miǎn shì yuán cháo zhù míng de
王冕是元朝著名的
huà jiā hè shī rén tā de huà duì hòu
画家和诗人，他的画对后
dài xǔ duō huà jiā dōu chǎn shēng guo yǐng
代许多画家都产生过影
xiǎng dàn shì wáng miǎn xiǎo shí hou jiā
响。但是，王冕小时候家
li hěn qióng wèi le shēng huó tā zhǐ
里很穷，为了生活，他只
hǎo gěi rén jia fàng niú
好给人家放牛。

清顾沅辑《古圣贤像传略》中的王冕画像

元王冕绘《墨梅图》

有一天，王冕正在湖边放牛，这时雨过天晴，美丽的湖光山色深深地吸引了他。他想，要是能把这美丽景色画下来多好哇！于是，他就在湖边用草棍在沙地上画了起来。之后，一有空闲，王冕就开始作画，一张不成再画一张。他画的荷花栩栩如生，人们都十分喜欢，争相购买。后来，王冕有了积蓄，就买了画笔、颜料，带在身边，一边放牛一边作画，尤其是他画的梅花，在当时独树一帜。经过不懈努力，王冕最终成了著名的画家。

## 原文

xīn yǒu yí，suí zhá jì，
心有疑，随札记，
jiù rén wèn，qiú què yì。
就人问，求确义。

## 释义

学习中碰到有疑问的地方，应随时记录下来，有机会就找人请教，一定要找到准确的答案。

清任伯年绘《松溪读书图》

## 故事

### 王浚问疑

wáng xùn shì xī jìn shí rén，cóng xiǎo jiù rèn zhēn xué xí，yù dào wèn tí zǒng ài páo gēn wèn dǐ，zhí dào gǎo qīng chu cái bà xiū。
王浚是西晋时人，从小就认真学习，遇到问题总爱刨根问底，直到搞清楚才罢休。

wáng xùn bā suì shí，yǒu yí cì dú lún yǔ，tā fā xiàn qí zhōng yí jù huà jì shén
王浚八岁时，有一次读《论语》，他发现其中一句话“祭神

如神在”怎么也弄不明白。王浚想，究竟是有神在呢，还是没有神在呢？他问了几个人，都答不上来。他听说博士卢景裕很有学问，就去问他。卢景裕听了王浚的提问，说道：“祭神如神在。‘如’是好像的意思，这是不能肯定的语气。”王浚顿时解开了谜团。由于虚心学习，认真求实，王浚最终成了大学问家。

清吴历绘《茅屋读书图》（局部）

## 原文

fáng shì qīng, qiáng bì jìng,
房室清，墙壁净，
jī àn jié, bǐ yàn zhèng
几案洁，笔砚正。

## 释义

读书的房间要收拾清洁，墙壁要保持干净，书桌要理得整洁，笔砚要放得端正。

## 故事

### 陈蕃扫屋

chén fán shì dōng hàn shí de zhù míng xué zhě, céng dān rèn yù zhāng tài shǒu. dàn chén fán xiǎo shí hou hěn lǎn sǎn, jīng cháng bù dǎ sǎo wū zi, dōng xi yě dào chù luàn fàng. yǒu yì tiān, fù qīn de yí wèi péng you qián lái bài

陈蕃是东汉时的著名学者，曾担任豫章太守。但陈蕃小时候很懒散，经常不打扫屋子，东西也到处乱放。有一天，父亲的一位朋友前来拜

清人绘《历代名臣像解》中的徐稚画像，徐稚是陈蕃所敬重的高士

fǎng kàn dào tā jiā de wū zi yí piàn líng luàn ér chén fán què bù guǎn bú gù
访，看到他家的屋子一片凌乱，而陈蕃却不管不顾，
bù jīn yáo tóu tàn xī dào hái zi wèi shén me bù bǎ wū zi shōu shi gān jìng lái
不禁摇头叹息道：“孩子，为什么不把屋子收拾干净来
zhāo dài bīn kè ne chén fán què shuō wǒ de shuāng shǒu zhǔ yào shì yòng lái sǎo
招待宾客呢？”陈蕃却说：“我的双手主要是用来扫
tiān xià de fù qīn de péng you fǎn wèn lián yì jiān fáng zi dōu bù sǎo zěn
天下的。”父亲的朋友反问：“连一间房子都不扫，怎
me néng gòu sǎo tiān xià ne chén fán yì tīng liǎn hóng le mǎ shàng qǐ shēn
么能够扫天下呢？”陈蕃一听，脸红了，马上起身
dǎ sǎo fáng wū zhāo dài kè rén
打扫房屋，招待客人。

zhǎng dà hòu chén fán zǒu shàng shì tú tā lǐ xián xià shì tè yì zài
长大后，陈蕃走上仕途。他礼贤下士，特意在
jiā zhōng wèi dāng dì míng shì xú zhì zhǔn bèi le yì zhāng chuáng xú zhì lái shí jiāng
家中为当地名士徐稚准备了一张床，徐稚来时将
chuáng tà fàng xià zǒu hòu guà qǐ yǐ shì duì tā de zūn jìng chén fán tà de
床榻放下，走后挂起，以示对他的尊敬。“陈蕃榻”的
diǎn gù jí yóu cǐ ér lái chén fán wéi guān qīng lián bú wèi qiáng quán hòu lái zài yǔ huàn guān de dòu zhēng zhōng bèi bǔ sǐ zài yù zhōng
典故即由此而来。陈蕃为官清廉，不畏强权，后来在与宦官的斗争中被捕，死在狱中。

东汉辎车画像砖

## 原文

mò mó piān, xīn bù duān,
墨磨偏，心不端，
zì bú jìng, xīn xiān bìng
字不敬，心先病。

## 释义

如果磨墨时将墨条磨偏，说明你心不在焉；如果写字不工整，说明你心有杂念，思想不集中。

## 故事

### 王献之学书

清任熊绘《於越先贤像传赞》中的王献之画像

wáng xiàn zhī shì dōng jìn shū fǎ jiā wáng
王献之是东晋书法家王
xī zhī de ér zi wèi le jì chéng jiā xué
羲之的儿子，为了继承家学，
xiàng fù qīn wáng xī zhī xué xí shū fǎ xué
向父亲王羲之学习书法。学
le yí duàn shí jiān hòu tā jué de chà bu
了一段时间后，他觉得差不
duō le jiù xiě le yì piān zì ná qù
多了，就写了一篇字，拿去

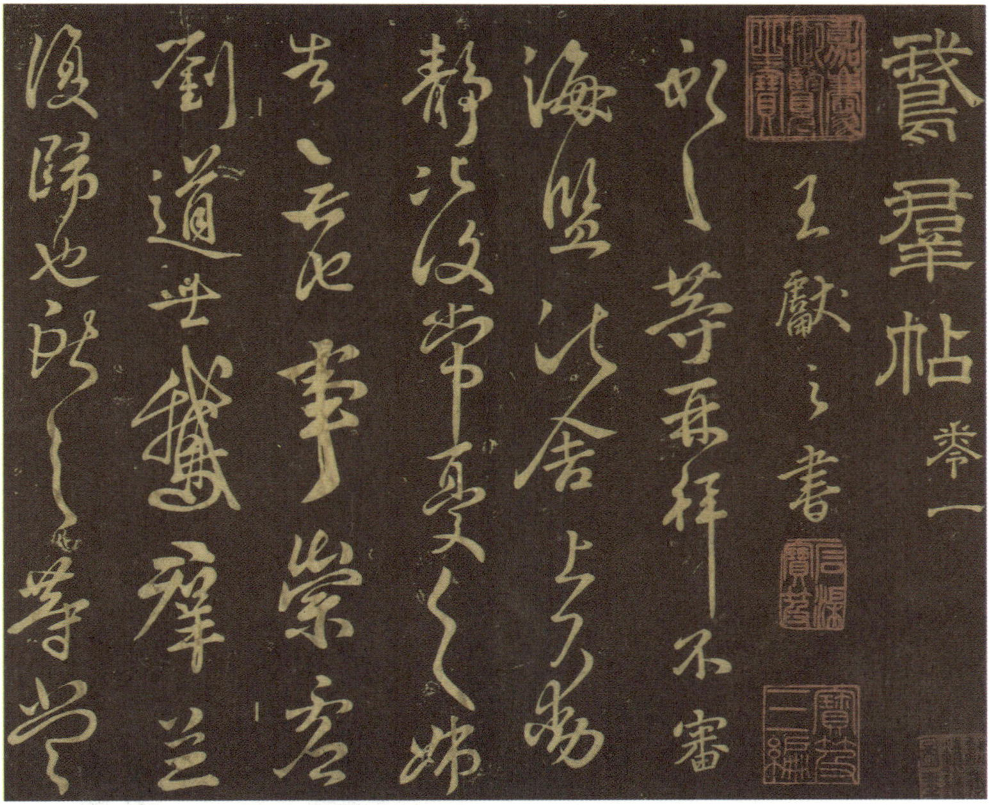


宋《淳化阁帖》所录东晋王献之行草《鹅群帖》

gěi fù qīn kàn wáng xī zhī kàn hòu shén me huà yě méi shuō zài tā suǒ xiě zì
给父亲看。王羲之看后，什么话也没说，在他所写字
zhōng de yí gè dà zì xià diǎn le yí gè diǎn wáng xiàn zhī bù míng bai zhè shì
中的一个“大”字下点了一个点。王献之不明白这是
zěn me huí shì jiù ná qù ràng mǔ qīn kàn wáng xiàn zhī de mǔ qīn yě shì shū fǎ
怎么回事，就拿去让母亲看。王献之的母亲也是书法
míng jiā kàn le wáng xiàn zhī xiě de zì hòu zhǐ zhe wáng xī zhī zài dà zì
名家，看了王献之写的字后，指着王羲之在“大”字
xià miàn diǎn de nà yì diǎn duì tā shuō zhè yì diǎn xiě de bú cuò wáng xiàn
下面点的那一点，对他说：“这一点写得不错。”王献
zhī tīng hòu cái zhī dào zì jǐ hé fù qīn de shū fǎ hái xiāng chà hěn yuǎn cóng cǐ
之听后，才知道自己和父亲的书法还相差很远，从此
yì xīn liàn zì hòu lái yě chéng le shū fǎ míng jiā
一心练字，后来也成了书法名家。

## 原文

liè diǎn jí yǒu dìng chù

列典籍，有定处，

dú kàn bì huán yuán chù

读看毕，还原处。

## 释义

存放重要的书籍，要有固定的位置；读完一本书后，一定要放回原处。

## 解说

### 关于藏书

zài zhōng guó gǔ dài tú shū dà dōu yóu guān fǔ hé yǒu qián rén zhàn yǒu

在中国古代，图书大都由官府和有钱人占有。

jù shuō liú bāng zài miè diào qín wáng cháo de shí hou tú shū hái tè bié shǎo hòu

据说，刘邦在灭掉秦王朝的时候，图书还特别少，后

清吴徵行书五言联《开径求三益，藏书等百城》

来随着文化的发展，国家的图书开始增多，于是朝廷派刘向开始对藏书进行分类，并且收藏在宫廷中，这主要是为了方便帝王和贵族的学习。从此，图书的收藏就开始了。

今天，文化空前繁荣，图书增多了，个人图书的收藏数量也已相当可观，我们要把一些主要的图书进行分类，放到比较熟悉的位置，以便查阅。而且还要养成读完书后将其放回原来位置的习惯，这样下次阅读时就会很容易找到。

古代有很多藏书家，唐代李泌家藏书就很多。此图为清吴友如绘《古今人物百图》之《邺侯藏书》，描绘李泌家藏书的情况

原文

suī yǒu jí，juàn shù qí，
虽有急，卷束齐，
yǒu quē huài，jiù bǔ zhī。
有缺坏，就补之。

释义

即使遇到急事，也要把书收拾整齐；发现书本有缺损，应立刻把它修补完整。

故事

## 韦编三绝

kǒng zǐ shào nián qín fèn hào xué，shí qī suì shí jiù yǐ xué shí yuān bó wén míng yú lǔ guó。suī rán kǒng zǐ xué shí yuān bó，kě tā yì shēng dōu méi yǒu fàng
孔子少年勤奋好学，十七岁时就以学识渊博闻名于鲁国。虽然孔子学识渊博，可他一生都没有放

清人仿唐吴道子所绘《孔子行教像》

清刻本《孔子圣迹图》插图《韦编三绝》，讲述孔子勤奋读书，多次翻断牛皮绳，最终学透《周易》的故事

sōng guo xué xí
松过学习。

nà shí hái méi yǒu fā míng zhǐ shū dōu shì yòng zhú jiǎn zuò chéng rán hòu yòng
那时还没有发明纸，书都是用竹简做成，然后用
niú pí shéng biān lián qǐ lái de dào le wǎn nián kǒng zǐ wèi le yán jiū zhōu
牛皮绳编联起来的。到了晚年，孔子为了研究《周
yì měi tiān bù tíng de fān yuè shū jiǎn jiē shi de niú pí shéng jū rán dōu bèi
易》，每天不停地翻阅书简，结实的牛皮绳居然都被
mó duàn le jiù zhè yàng yì lián huàn le duō cì niú pí shéng cái bǎ zhōu yì
磨断了。就这样一连换了多次牛皮绳，才把《周易》
yán jiū tòu ér mó duàn yí cì kǒng zǐ jiù zài zhěng lǐ yí cì yì zhí shǐ shū
研究透。而磨断一次，孔子就再整理一次，一直使书
bǎo cún wán hǎo zhè yì fāng miàn fǎn yìng le kǒng zǐ xué xí de kè kǔ dàn lìng yì
保存完好。这一方面反映了孔子学习的刻苦，但另一
fāng miàn wǒ men yě kě yǐ kàn dào kǒng zǐ zài dú shū de guò chéng zhōng shì shí fēn
方面我们也可以看到，孔子在读书的过程中是十分
ài hù tú shū de
爱护图书的。

原文

fēi shèng shū, bǐng wù shì,
非圣书，屏勿视，
bì cōng míng, huài xīn zhì.
蔽聪明，坏心志。

释义

不是高雅有益的书，就丢开它不去看；否则就会蒙蔽自己的智慧，更会损害自己的思想和志向。

解说

## 关于读书

zuò wéi yí gè rén xǐ huan dú shū duō dú shū shì hǎo shì qing dàn shì
作为一个人，喜欢读书、多读书是好事情。但是，
dú shū yě yào yǒu xuǎn zé zuì hǎo duō dú yì xiē gé diào gāo yǎ zhī shi fēng fù
读书也要有选择，最好多读一些格调高雅，知识丰富，
duì wǒ men de xué xí gōng zuò yǒu yì chù de shū jí bú yào qù dú nà xiē sī
对我们的学习、工作有益处的书籍。不要去读那些思
xiǎng nèi róng bù hǎo cū sú bù kān de shū jí zhè bù jǐn làng fèi shí jiān hé jīng
想内容不好，粗俗不堪的书籍，这不仅浪费时间和精
lì shū zhōng de bù liáng nèi róng hái huì duì wǒ men de sī xiǎng hé zhì xiàng chǎn
力，书中的不良内容还会对我们的思想和志向产
shēng bù liáng yǐng xiǎng suǒ yǐ zhǎng wò zhèng què de dú shū fāng fǎ hé dú shū fāng
生不良影响。所以，掌握正确的读书方法和读书方

向，对一个人的健康成长有着重要的意义。

宋太宗是个爱读书的皇帝，他下令用馆藏书籍编纂了《太平总类》《太平广记》和《文苑英华》等书。《太平总类》摘录了一千六百多种古籍的重要内容，具有很高的参考价值，宋太宗非常喜欢，决心下大力气来看这部书。每天处理完公务，他都要坚持读三卷书，大臣们劝他不要累坏了身体，宋太宗说：“读圣贤书能增长智慧，陶冶心志，会有很多乐趣，我并不觉得劳累。”一年下来，他读完了全部一千多卷书，并将其更名为《太平御览》。宋太宗由于每天坚持读书，所以知识十分渊博，处理起国家大事来也得心应手。

清彩绘本《帝鉴图说》插图《竟日观书》，讲述宋太宗不辞劳苦，每天坚持读书的故事

## 原文

wù zì bào，wù zì qì，
勿自暴，勿自弃，
shèng yǔ xián，kě xùn zhì。
圣与贤，可驯致。

## 释义

做人不能自己糟蹋自己，自己瞧不起自己；圣人和贤人的境界，都是可以通过自身的努力逐渐实现的。

## 故事

### 胸怀大志

zōng què shì nán cháo sòng shí rén，cóng xiǎo xiōng huái dà zhì，shū shu zōng bǐng wèn tā jiāng lái zuò gè shén me yàng de rén shí，tā gāo shēng huí dá：“yuàn chéng cháng fēng pò wàn lǐ làng。”
宗悫是南朝宋时人，从小胸怀大志，叔叔宗炳问他将来做个什么样的人时，他高声回答：“愿乘长风破万里浪。”

清吴昌硕所篆闲章《乘长风破万里浪》

dàn zōng què nián qīng shí hěn bù dé zhì，ér
但宗悫年轻时很不得志，而

清周慕桥绘《飞影阁丛画》中的《乘风破浪》图

tā de tóng xiāng yú yè yǒu quán yǒu shì tè bié fù yǒu měi dāng yú yè yàn qǐng kè
他的同乡虞业有权有势，特别富有。每当虞业宴请客
rén de shí hou zǒng shì shàng jǐ shí dào cài jiǔ cài bǎi de yǒu yí zhàng jiàn fāng
人的时候，总是上几十道菜，酒菜摆得有一丈见方。
rán ér tā zhāo dài zōng què shí zhǐ gěi tā chī yǒu bǐ zi de zá liáng zhǔ de fàn
然而，他招待宗悫时，只给他吃有秕子的杂粮煮的饭。
dàn zōng què hái shi zhào yàng chī fàn cóng bù yīn wèi fàn cài chà ér fā pí qi tā
但宗悫还是照样吃饭，从不因为饭菜差而发脾气，他
bǎ zhǔ yào jīng lì dōu yòng zài le xué xí shang hòu lái zōng què zuò le yù zhōu tài
把主要精力都用在了学习上。后来，宗悫做了豫州太
shǒu dàn tā bìng bú jì hèn yú yè fǎn ér rèn wéi yú yè yǒu cái ér qǐng tā zuò
守，但他并不记恨虞业，反而认为虞业有才而请他做
zì jǐ de bù xià zōng què bǎ guò qù shòu rǔ de shì kàn de hěn kāi jù yǒu kuān
自己的部下。宗悫把过去受辱的事看得很开，具有宽
guǎng de xiōng huái zhēn shì liǎo bu qǐ
广的胸怀，真是了不起。

# 弟子规

弟子规，圣人训。首孝悌，次谨信。
泛爱众，而亲仁。有余力，则学文。
父母呼，应勿缓；父母命，行勿懒。
父母教，须敬听；父母责，须顺承。
冬则温，夏则凊，晨则省，昏则定。
出必告，反必面，居有常，业无变。
事虽小，勿擅为；苟擅为，子道亏。
物虽小，勿私藏；苟私藏，亲心伤。
亲所好，力为具；亲所恶，谨为去。
身有伤，贻亲忧；德有伤，贻亲羞。
亲爱我，孝何难？亲恶我，孝方贤。
亲有过，谏使更，怡吾色，柔吾声。
谏不入，悦复谏，号泣随，挞无怨。
亲有疾，药先尝，昼夜侍，不离床。
丧三年，常悲咽，居处变，酒肉绝。
丧尽礼，祭尽诚，事死者，如事生。
兄道友，弟道恭，兄弟睦，孝在中。
财物轻，怨何生？言语忍，忿自泯。

或饮食，或坐走，长者先，幼者后。
长呼人，即代叫，人不在，己即到。
称尊长，勿呼名，对尊长，勿见能。
路遇长，疾趋揖，长无言，退恭立。
骑下马，乘下车，过犹待，百步余。
长者立，幼勿坐，长者坐，命乃坐。
尊长前，声要低，低不闻，却非宜。
进必趋，退必迟，问起对，视勿移。
事诸父，如事父；事诸兄，如事兄。
朝起早，夜眠迟，老易至，惜此时。
晨必盥，兼漱口，便溺回，辄净手。
冠必正，纽必结，袜与履，俱紧切。
置冠服，有定位，勿乱顿，致污秽。
衣贵洁，不贵华，上循分，下称家。
对饮食，勿拣择，食适可，勿过则。
年方少，勿饮酒，饮酒醉，最为丑。
步从容，立端正，揖深圆，拜恭敬。
勿践阈，勿跛倚，勿箕踞，勿摇髀。
缓揭帘，勿有声；宽转弯，勿触棱。
执虚器，如执盈；入虚室，如有人。
事勿忙，忙多错，勿畏难，勿轻略。
斗闹场，绝勿近；邪僻事，绝勿问。
将入门，问孰存；将上堂，声必扬。
人问谁，对以名，吾与我，不分明。
用人物，须明求，倘不问，即为偷。

借人物，及时还；人借物，有勿悭。
凡出言，信为先，诈与妄，奚可焉？
话说多，不如少，惟其是，勿佞巧。
刻薄语，秽污词，市井气，切戒之。
见未真，勿轻言；知未的，勿轻传。
事非宜，勿轻诺，苟轻诺，进退错。
凡道字，重且舒，勿急疾，勿模糊。
彼说长，此说短，不关己，莫闲管。
见人善，即思齐，纵去远，以渐跻。
见人恶，即内省，有则改，无加警。
惟德学，惟才艺，不如人，当自励。
若衣服，若饮食，不如人，勿生戚。
闻过怒，闻誉乐，损友来，益友却。
闻誉恐，闻过欣，直谅士，渐相亲。
无心非，名为错；有心非，名为恶。
过能改，归于无；倘掩饰，增一辜。
凡是人，皆须爱，天同覆，地同载。
行高者，名自高，人所重，非貌高。
才大者，望自大，人所服，非言大。
己有能，勿自私；人有能，勿轻訾。
勿谄富，勿骄贫，勿厌故，勿喜新。
人不闲，勿事搅；人不安，勿话扰。
人有短，切莫揭；人有私，切莫说。
道人善，即是善，人知之，愈思勉。
扬人恶，即是恶，疾之甚，祸且作。

善相劝，德皆建，过不规，道两亏。
凡取与，贵分晓，与宜多，取宜少。
将加人，先问己，己不欲，即速已。
恩欲报，怨欲忘，报怨短，报恩长。
待婢仆，身贵端，虽贵端，慈而宽。
势服人，心不然，理服人，方无言。
同是人，类不齐，流俗众，仁者稀。
果仁者，人多畏，言不讳，色不媚。
能亲仁，无限好，德日进，过日少。
不亲仁，无限害，小人进，百事坏。
不力行，但学文，长浮华，成何人！
但力行，不学文，任己见，昧理真。
读书法，有三到，心眼口，信皆要。
方读此，勿慕彼，此未终，彼勿起。
宽为限，紧用功，工夫到，滞塞通。
心有疑，随札记，就人问，求确义。
房室清，墙壁净，几案洁，笔砚正。
墨磨偏，心不端，字不敬，心先病。
列典籍，有定处，读看毕，还原处。
虽有急，卷束齐，有缺坏，就补之。
非圣书，屏勿视，蔽聪明，坏心志。
勿自暴，勿自弃，圣与贤，可驯致。

**图书在版编目（CIP）数据**

弟子规 / 石延博编著. -- 北京 : 天天出版社,2023.8

（国学里的中国）

ISBN 978-7-5016-2089-0

Ⅰ. ①弟… Ⅱ. ①石… Ⅲ. ①古汉语–启蒙读物 Ⅳ. ①H194.1

中国国家版本馆CIP数据核字(2023)第097549号

**责任编辑：** 范景艳　**美术编辑：** 曲 蒙

**责任印制：** 康远超 张 璞

**出版发行：** 天天出版社有限责任公司

**地址：** 北京市东城区东中街 42 号　**邮编：** 100027

**市场部：** 010-64169902　**传真：** 010-64169902

**网址：** http://www.tiantianpublishing.com

**邮箱：** tiantiancbs@163.com

**印刷：** 河北环京美印刷有限公司　**经销：** 全国新华书店等

**开本：** 710 × 1000 1/16　**印张：** 12

**版次：** 2023 年 8 月北京第 1 版　**印次：** 2023 年 8 月第 1 次印刷

**字数：** 120 千字

**书号：** 978-7-5016-2089-0　**定价：** 39.00 元